Schwierige Briefe –
Reklamation,
Beschwerde, Widerspruch

Arthur Bornstedt

Schwierige Briefe – Reklamation, Beschwerde, Widerspruch

So wehren Sie sich erfolgreich gegen Unrecht im Alltag

Mit Adressenverzeichnis:
Verbraucherorganisationen,
Schieds- und Schlichtungsstellen

FALKEN

Im FALKEN Verlag sind noch weitere interessante Ratgeber zum Thema „Korrespondenz" erschienen. Hier eine Auswahl:
Gisa Briese-Neumann, Geschäftsbriefe zeitgemäß und sicher schreiben (1323)
Gabriele Reinert-Schneider, Der moderne Brief (1440)
Gabriele Reinert-Schneider, Der erfolgreiche Geschäftsbrief (2074)
Erhard Schätzlein/Erik Deutscher, Praxisbuch Geschäftsbriefe (2174)
Otto Fuhrmann, Passende Briefe für alle Gelegenheiten (2299)

Sie finden uns im Internet: **www.falken.de**

Dieses Buch wurde auf chlorfrei gebleichtem
und säurefreiem Papier gedruckt.

Der Text dieses Buches entspricht den Regeln
der neuen deutschen Rechtschreibung.

ISBN 3 8068 2298 0

Umschlaggestaltung: Rohwedder-Becker, Büro für Konzept und Gestaltung, Mainz
Titelfoto: Bavaria, Gauting/VCL
Gestaltung: Horst Bachmann
Redaktion: Simone Harland, Pegestorf
Koordination: Winfried Schindler
Herstellung: Ulrich Klein

Satz: DM-SERVICE Mahncke & Pollmeier GmbH & Co. KG, Rodgau
Druck: Ludwig Auer GmbH, Donauwörth

817 2635 4453 6271

Inhalt

Vorwort

Jeder kann ein Lied davon singen: Irgendwann fühlen Sie sich falsch behandelt von Handwerkern, beim Arzt, am Bankschalter, bei Behörden. Zunächst sind Sie sprachlos, etwas später wütend und dann überlegen die meisten, wie sie sich gegen Fehler oder vermeintliche Willkür wehren können. Schließlich steht jedem sein gutes Recht zu. Mitunter genügt dann eine freundliche, aber bestimmte Aussprache, etwa mit dem Filialleiter, wenn Ihnen eine Verkäuferin patzig gekommen ist. In anderen Fällen lässt sich per Telefon manches geradebiegen, etwa mit dem Handwerker, nach dessen Reparatur der Wasserhahn schon wieder tropft und der daraufhin noch mal bei Ihnen vorbeischaut.

Einige Leistungen im Alltag, die nicht zu Ihrer Zufriedenheit ausfallen, obwohl Sie darauf Anspruch hatten, müssen in geeigneter Form schriftlich reklamiert oder überhaupt erst angezeigt werden. So verlangt die Versicherung eine schriftliche Benachrichtigung, wenn ein Schaden vorliegt.

Hinzu kommt: Viele Situationen erfordern es sogar, sich an eine bestimmte Form (meist vorgedruckt) zu halten, und das auch noch in einer begrenzten Frist. Auf Anhieb fallen den meisten von uns jedoch nicht die passenden Worte ein, um den Amtsschimmel mit kühler Sachlichkeit auf Trab zu bringen. Im Gegenteil: Berührungsängste sind immer noch weit verbreitet.

Deshalb werden in diesem Buch typische Gelegenheiten unter die Lupe genommen, von denen im Alltag der Verbraucherzentralen häufig berichtet wird. Kommt es zu Ungereimtheiten oder Streit, kann dieses Buch mit einer Fülle vorbereiteter Musterbriefe helfen, die Kritik in der geeigneten Form und gebotenen Sachlichkeit an die richtige Adresse zu bringen. Damit protestieren Sie fristgemäß und verhindern, dass Ansprüche aus Zeitgründen verloren gehen. Wer die Musterbriefe zur Grundlage nimmt, spart Zeit und Nerven für die eigentlichen Argumente seines speziellen Falles.

Das Buch liefert nicht nur den entsprechenden Brief für den häufig unvermeidlichen Antrag, sondern nennt auch die Voraussetzungen, um mit dem Antrag erfolgreich zu sein. Diese Rechtskunde für den Hausgebrauch gibt es für 77 typische Alltagssituationen.

Fazit: Wer „Schwierige Briefe" im Bücherschrank hat, ist für die schlimmsten Fälle von Ärger mit Vertragspartnern bestens gewappnet. Ein solcher Brief schafft es jedoch niemals, anwaltlichen Rat zu ersetzen, der wiederum ausschließlich vom Einzelfall abhängt. Schon deshalb können Autor und Verlag trotz sorgfältiger Recherche keine Haftung für Vermögensschäden oder rechtliche Nachteile übernehmen. Wir liefern nur Hilfe für den ersten Schritt, sich zu wehren. Den zweiten und jeden weiteren Schritt sollten Sie mit kundiger Rechtsberatung gehen.

Vermeiden Sie jedoch Streit um jeden Preis. Steigende Gerichtskosten und Anwaltshonorare sollten vorher bedacht werden, sonst bekommen Sie vielleicht Recht, sind aber trotzdem arm dran. Zum Glück gibt es gerade bei mangelhaften Dienstleistungen einen völlig kostenlosen Weg, Ärger abzustellen: Sie wechseln einfach Händler, Arzt, Handwerker, Bank, Versicherer oder sonst jemanden, der meint, Sie ungestraft tyrannisieren zu können.

Berlin im Herbst 1999
Arthur Bornstedt

Erfolgsaussichten von Beschwerden erhöhen

Um mit einer Beschwerde oder Reklamation Erfolg zu haben, kommt es auf Schnelligkeit – vielfach sind Fristen zu beachten –, Sachlichkeit und die richtige Form an. Da Sie im Falle des Misserfolgs später vor Gericht um Ihr Recht kämpfen können, sollten Sie sich immer schriftlich beschweren. Dies erleichtert es Ihnen, sich selbst oder einem Rechtsanwalt später die Fakten ins Gedächtnis zu rufen, und trägt dazu bei, vergebliche Einigungsversuche zu beweisen. Allerdings hat nicht jedes Schriftstück die gleiche Beweiskraft:

Wer sich schriftlich beschwert, hat im Falle einer Gerichtsverhandlung Beweise zur Hand.

- Briefe sollten als Einschreiben mit Rückschein abgeschickt werden. Jede Postfiliale weiß darüber Bescheid. Das kostet zwar mehr Porto (für den Standardbrief insgesamt 8,60 DM), bietet aber die beweiskräftige Gewähr, dass der Absender Ihren Beschwerdebrief tatsächlich bekommen hat. Er bestätigt nämlich auf dem Rückschein, den Sie hinterher erhalten, dass er Ihre Post bekommen hat (mit Datum und Uhrzeit). Dies mag etwas umständlich erscheinen, doch in einem Rechtsstreit müssen Sie als Absender leider beweisen, dass Ihr Brief auch angekommen ist. Diese Beweispflicht können Sie rechtlich einwandfrei nur per Einschreiben mit Rückschein erfüllen. Achtung: Ist der Empfänger Ihnen übel gesonnen, könnte er behaupten, zwar den Briefumschlag erhalten zu haben, aber keinerlei Brief darin vorgefunden zu haben. Ausweg: Sie tüten den Brief unter Zeugen ein.
- Ein Fax hat zwar theoretisch auch Beweiskraft, da das Sendeprotokoll Ihnen die Übertragung mit Datum, Uhrzeit und fehlerfreier „Zustellung" schriftlich ausweist. Doch die Gerichte erkennen Fax-Übermittlungen praktisch nicht an. Hintergrund: An der Einstellung von Datum und Uhrzeit könnte manipuliert worden sein; zudem lässt sich der Zugang beim Empfänger nicht beweisen.

Bei Faxen und E-Mails ist nicht sicher, ob sie den Empfänger erreicht haben – deshalb haben sie keine Beweiskraft vor Gericht.

- Eine E-Mail, also elektronische Postsendung, ist im Online-Zeitalter überhaupt kein Problem, dürfte aber als Beweis vor Gericht ebenfalls nicht anerkannt werden. Hintergrund: Auch hier könnte man am Computer Datum und Uhrzeit nach Belieben verstellen und der Empfänger kann die E-Mail in Sekundenbruchteilen wieder löschen.

Auch ein Bekannter kann Ihren Brief beim Empfänger abgeben – er muss sich die Annahme nur quittieren lassen.

- Statt Einschreiben mit Rückschein können Sie bei nicht zu großer Entfernung auch einen Boten beauftragen – dies kann auch ein Bekannter sein, der mit dem Auto dort vorbeifährt –, die Post abzugeben. Lassen Sie sich jedoch auf Ihrer Kopie Datum und Uhrzeit der Abgabe vom Boten bestätigen, der im Streitfall wiederum als Zeuge auftreten kann.

Muss es der Weg vors Gericht sein?

Versuchen Sie, Probleme erst persönlich oder telefonisch zu regeln, bevor Sie einen Brief schicken

Bleibt die Frage, ob Beschwerden, Streitigkeiten – bis hin vor die Schranken des Gerichts – überhaupt sinnvoll sind oder Sie damit nur Zeit verschwenden. Fakt ist: Unstimmigkeiten mit Herstellern, Behörden oder Vertragspartnern sollten Sie immer zuerst „friedlich" zu lösen versuchen. Dazu genügt meist schon ein Anruf, denn der alte Anwaltsspruch „Schrift ist Gift" enthält viel Lebensweisheit. Schauen Sie vorher am besten in das Kleingedruckte des betreffenden Vertrages oder erkundigen Sie sich nach der ungefähren Rechtslage zu besagtem Problem. Dies hilft, die Stärke der eigenen Position zu ermitteln, was wiederum wichtig ist, um im Gespräch den richtigen Ton zu treffen. Eine Bitte um Kulanz ist eben etwas anderes als die dritte Mahnung zur Erledigung einer fest vereinbarten Leistung.

In jedem Fall lohnt es, bei Problemen auf den anderen zuzugehen, ob persönlich, am Telefon oder per Brief. Nur so hat der andere überhaupt die Chance, sich der Unzulänglichkeit bewusst zu werden und Abhilfe zu schaffen. Wichtig: Lassen Sie keinerlei Schamfristen vergehen, sondern reagieren Sie auf Mängel, vermeintliche Fehler oder Störungen so schnell wie möglich. Einerseits könnten sonst wichtige Fristen verstreichen, zum Beispiel für den Widerspruch zur Steuererklärung oder zum Ablauf der Gewährleistungsfrist für den defekten Fernseher. Andererseits denkt der andere sonst, es sei mit seiner Leistung, Entscheidung oder seinem Verhalten alles in Ordnung und geht zur Tagesordnung über. Dies würde aber fatale Folgen für die Sitten im alltäglichen Umgang mit anderen Vertragspartnern, Kunden, Bürgern haben.

Sich bei Ungerechtigkeit zu wehren, bleibt also erste Bürgerpflicht und bietet gute Aussichten auf Erfolg. Vermeiden Sie jedoch, mit Kanonen auf Spatzen zu schießen, sondern machen Sie sich Sachlichkeit zum obersten Prinzip für jeden schwierigen Brief. Emotionen führen zu verhärteten Fronten. Formulieren Sie betont sachlich, klar und präzise. Auch bei berechtigten Beanstandungen gilt: klare Argumente statt verletzender Äußerungen.

Greifen Sie den Adressat des Briefs nie persönlich an. Damit erreichen Sie nur, dass der Empfänger verärgert wird.

In Bagatellfällen lohnt es sich nicht, bis vors Gericht zu ziehen, zumal der Ausgang dort oft ungewiss ist und nicht jeder Rechtsanwalt seinen Mandanten vor Gefahren und Grenzen auf dem Rechtsweg warnt – wohl auch aus Eigennutz, denn das Anwaltshonorar fließt in jedem Fall. So wäre es sinnlos, gegen einen säumigen Schuldner, der nachweislich zahlungsunfähig ist, ein Mahnverfahren samt Anwalts- und Gerichtskosten anzustrengen. Das kostet nur zusätzliches Geld und bietet keinerlei Aussicht auf Rückzahlung der Schulden.

Wohl aber hat es Sinn, fehlerhafte Waren und Leistungen zu reklamieren, zu geringe Geldleistungen des Staates oder Arbeitgebers zu monieren, sich über zu lange Bearbeitungsfristen von Behörden zu beschweren oder gegen falsche Beratung sowie Betrug und deren teure Folgen vorzugehen. Dabei sollten Sie im Einzelfall abwägen, welcher Weg zur Klärung des Problems am geeignetsten ist. Für die typischen Fälle des Alltags bietet dabei die Verbraucherzentrale sehr preiswert fundierten juristischen Rat.

Überlegen Sie sich einen Gang vors Gericht sehr genau – eine Klage kann sehr teuer für Sie werden.

Bundesweit unterhalten die Verbraucherzentralen rund 350 Verbraucherberatungsstellen. Dort kann man sich mithilfe geschulter Juristen eine Lösung für praktisch jedes Konsumentenproblem holen – für zumeist weniger als 20 DM. Geringverdiener zahlen häufig keinen Pfennig. Die Experten sind zur außergerichtlichen Rechtsberatung und Rechtsbesorgung befugt. In fast allen Beratungsstellen gibt es Reklamations- und Rechtsberatung, Ernährungsberatung, Produktberatung und Kreditberatung. Nicht immer gehören Entschuldungshilfe, Schuldner-, Versicherungs-, Haushaltsbudget-, Umwelt- und Textilreklamationsberatung zum Angebot. Patientenberatung haben nur die Verbraucherzentralen Hamburg und Berlin im Programm.

Die richtige Form des Briefs

Ist die Entscheidung für einen Beschwerdebrief gefallen, sollten Sie neben dem Inhalt auch an die passende Form denken. Da nicht jeder von uns täglich solche Schreiben verfasst, existiert die psychologische Hürde der Überwindung. Um sie erst einmal zu nehmen, ist es günstig, im eigenen Computer ein Briefformular zu entwickeln, auf das Sie immer wieder zurückgreifen können. Der PC bietet zudem den Vorteil, dass Sie den Schriftwechsel zu allen Problemen in elektronischen Ordnern abspeichern können und so nichts verloren geht.

Wenn Sie beim Schreiben Ihres Briefs ein paar Regeln einhalten, zeigt Ihr Brief meist größere Wirkung.

Es gibt keine Vorschriften über die Form, doch wirkt es einfach besser, wenn Sie sich an einige Grundregeln halten. Schreiben Sie möglichst nur eine Seite, höchstens zwei Seiten. Beispiele für elektronische Briefordner (Dateien) könnten sein: Behörden, Versorger, Einkäufe, Handwerker, Vermieter, Finanzen und Beruf. Häufen sich Briefe in einem Bereich, so geben Sie dem einen eigenen Ordner, unterteilt etwa bei Behörden nach Arbeitsamt, Finanzamt, Bauamt usw.

Oben und unten bleibt ein Rand (wenigstens 2,5 Zentimeter), an beiden Seiten ebenfalls (wenigstens 2,5 Zentimeter). Jedes Blatt wird nur einseitig beschrieben. Zwischen Absender, Anschrift und den eigentlichen Text gehört jeweils eine Leerzeile – das lockert den Brief auf und macht ihn lesbarer. Bedarf es längerer Erläuterungen, so sind Absätze sinnvoll. Textverarbeitungsprogramme enthalten in der Regel Briefformulare, sodass Ränder, Platz für die Anschrift und sogar das Datum schon fix und fertig sind. So sieht ein ordentlicher Brief aus:

Musterbrief 1: Briefform

Klaus Absender
Schreibstraße 1
12321 Formhausen

Formhausen, 14. Mai ...

Stadtverwaltung Formhausen
Schreibamt
Beamtenstraße 65

12321 Formhausen

Informationen zum Wohngebiet (Name oder Ortsangabe)

Sehr geehrte Damen und Herren,

wie ich Ihrer jüngsten Postwurfsendung entnehme, hat die Stadtverordnetenversammlung einen ersten Entwurf für das künftige Wohngebiet (Name oder Ortsangabe) verabschiedet. Ich interessiere mich sehr für diese Gegend.
Daher wäre ich Ihnen sehr verbunden, wenn Sie mir weitergehende Informationen geben könnten. Vielleicht könnten Sie auch kompetente Ansprechpartner benennen?

Mit freundlichen Grüßen

Unterschrift

Wenn Sie die Anschrift wie gezeigt anordnen, lassen sich Fensterbriefumschläge nutzen; Sie ersparen sich die Beschriftung des Umschlags.

Beim Empfänger sollten Sie vom Allgemeinen zum Besonderen kommen, also zuerst die Behörde oder Firma nennen, dann die Funktion oder das Ressort und schließlich den Namen des Ansprechpartners (den Sie vorher telefonisch erfragen sollten: „Wer ist bei Ihnen für … zuständig?“).

Damit der Adressat Ihres Schreibens schnell erfasst, worum es Ihnen geht, hat sich eine kurze Inhaltsangabe zu Beginn des Briefes als nützlich erwiesen. Früher wurde dieser so genannte Betreff mit „Betr." eingeleitet, heute ist dies nicht mehr üblich.

Versuchen Sie, den Namen Ihres Ansprechpartners herauszubekommen, damit Sie ihn mit Ihrem Brief direkt ansprechen können.

Kennen Sie Ihren Ansprechpartner noch nicht, so empfiehlt sich die Anrede: „Sehr geehrte Damen und Herren". Wissen Sie aber schon, wer zuständig ist, so nennen Sie ihn beim Namen. Hat der Betreffende einen Titel, so gehört der mit zur Anrede – meist wird dann der Name weggelassen, etwa: „Sehr geehrte Frau Doktor". In Städten und Gemeinden richtet sich die Anrede wiederum nach der Funktion, etwa: „Sehr geehrter Herr Stadtdirektor". Nicht jede Behörde benennt Ihren Chef nach bundeseinheitlichem Strickmuster. Chef bleibt er dennoch allemal – und ein Beschwerdebrief darf wegen falscher Anrede nicht einfach zu den Akten gelegt werden.

Ans Ende jedes Briefs kommt die Schlussformel „mit freundlichen Grüßen" sowie Ihre Unterschrift.

Das Ende kann in jedem Brief gleich lauten: „Mit freundlichen Grüßen". Unter Ihre Unterschrift gehört der guten Ordnung halber Ihr Name noch einmal in Druckschrift, da die meisten Unterschriften heutzutage nicht recht lesbar sind. Geben Sie also dem Adressaten die Chance, sich in der Antwort persönlich an Sie zu wenden.

Mancher Schriftwechsel wächst sich zu einem munteren Aktenberg aus. Mitunter müssen Nachweise erbracht, Dokumente kopiert oder Fragebögen beantwortet werden. Solche Anlagen fügen Sie dem eigentlichen Brief auf gesonderten Blättern bei. Im Brief selbst verweisen Sie nur an geeigneter Stelle auf diese Anlagen, etwa: „siehe Anlage 1". Wichtig: Verschicken Sie niemals Originale von Dokumenten. Für den Schriftverkehr sind Kopien aller Ehren wert.

Bei den folgenden Musterbriefen sind der Einfachheit halber Absender und Adressat sowie das Datum weggelassen worden. Sie gehören sonst selbstverständlich zum Brief dazu.

Ärger beim Einkauf

Beim Einkauf sollten Sie zunächst den Kassenzettel aufheben. Nur so lassen sich Käuferrechte bei der Reklamation durchsetzen. Ohne die Kaufquittung ist man auf die Kulanz des Händlers angewiesen.

Heben Sie für den Fall von Mängeln immer Ihren Kassenbeleg auf.

Mängel bei neuen Sachen

Wer etwas Neues kauft, kann sicher sein, dass der Verkäufer für einwandfreie Qualität haften muss (Gewährleistung). Bei Mängeln haben Sie das gesetzlich verbriefte Recht, die fehlerhafte Ware zurückzugeben und den vollen Preis erstattet zu bekommen (Wandelung laut § 462 BGB), einen angemessenen Preisnachlass zu verlangen (Minderung laut § 462 BGB) oder bei Serienartikeln die Ware umzutauschen (Umtausch laut § 480 BGB). Meist behält sich der Verkäufer in seinen Allgemeinen Geschäftsbedingungen vor, den Mangel durch Reparatur zum Nulltarif zu beseitigen (Nachbesserung). Grundsätzlich sollte der Kunde höchstens zwei (kostenlose) Nachbesserungsversuche in angemessener Frist von höchstens 14 Tagen akzeptieren und danach Gewährleistung fordern (siehe Musterbrief 2). Je nach Eigeninteresse kann er also vom Kauf zurücktreten, Rabatt verlangen oder einen neuen Artikel nehmen.

Musterbrief 2: Gewährleistung

Gewährleistung des Kaufs (Nennung der Ware)

Sehr geehrte Damen und Herren,

am (Datum) habe ich bei Ihnen einen (Nennung der Ware) zum Preis von ... DM gekauft, der bereits nach kurzer Zeit nicht mehr funktionierte.
Ihre Versuche, den Fehler durch Reparatur zu beheben, schlugen fehl (Nachbesserung am ...).

Beim anschließenden Versuch, den Kauf rückgängig zu machen, stellte sich Ihr Verkäufer (Name) quer. Ich fordere Sie hiermit auf, das Gerät zurückzunehmen und mir den vollen Kaufpreis von (Preis) bis spätestens (Datum) zu erstatten. Für weitere Aufwendungen an Zeit und Geld werde ich Schadensersatz verlangen.

Mit freundlichen Grüßen

Hat der Verkäufer Sie über Mängel der Ware nicht informiert, berührt das nicht Ihre Rechte als Verbraucher.

Selbstverständlich gilt das Recht auf Gewährleistung auch dann, wenn der Verkäufer einen Mangel arglistig verschwiegen hat oder wenn eine zugesicherte Eigenschaft fehlt. Im Extremfall kann der Käufer eine Nachbesserung völlig ausschlagen und sofort den Kauf rückgängig machen, etwa wenn ein Neu- oder Gebrauchtwagen unzumutbar viele Mängel aufweist, die nicht genannt worden waren (siehe Musterbrief 3).

Musterbrief 3: Reklamation fehlender zugesicherter Eigenschaft

Reklamation des Kaufs von (Pkw-Typ)

Sehr geehrte Damen und Herren,

am (Datum) habe ich bei Ihnen einen gebrauchten Pkw Typ ... mit dem bisherigen amtlichen Kennzeichen ... zum Preis von ... DM gekauft. Bereits nach ... Wochen muss ich feststellen, dass der Wagen folgende „Macken" hat: (Auflistung der Mängel).
Diese Mängel beeinträchtigen den Gebrauch ganz erheblich. Obwohl ich den Kauf sofort rückgängig machen könnte, da Sie den einwandfreien Gebrauch beim Kauf zugesichert hatten, gebe ich Ihnen die Möglichkeit, die Mängel zu beseitigen. Ich fordere Sie hiermit auf, mir bis zum (Datum), also innerhalb von zwei Wochen, mitzuteilen, bis wann und wie Sie sich die Fehlerbeseitigung vorstellen.
Sollte ich bis zum oben genannten Termin nichts von Ihnen gehört haben, werde ich meine Wandelungsansprüche gerichtlich durchsetzen. In diesem Falle stelle ich Ihnen den Wagen am (Datum), also zwei Tage nach Ablauf der Nachbesserungsfrist, vor Ihre Werkstatt.
Vorsorglich fordere ich Sie hiermit auf, das Auto in diesem Fall zurückzunehmen und mir den vollen Kaufpreis von ... DM bis spätestens (Datum) zu erstatten und zu überweisen. Meine Kontonummer lautet ..., BLZ ..., bei der ...-Bank.

Mit freundlichen Grüßen

Häufig werden größere Artikel wie Waschmaschinen, Fernseher oder Möbel frei Haus geliefert. Hatten Sie beim Kauf die Anlieferung frei Haus vereinbart, doch der Liefertermin verstreicht ohne Ergebnis, so sollte der sitzen gelassene Kunde dem Verkäufer eine Nachfrist für die Lieferung setzen.

Musterbrief 4: Nachfrist für ausgebliebene Lieferung

Nachfrist für ausgebliebene Lieferung

Sehr geehrte Damen und Herren,

am (Datum) habe ich bei Ihnen ein (Nennung der Ware) gekauft (Preis ...), das am (Datum) geliefert werden sollte. Den Termin haben Sie nicht eingehalten.
Ich fordere Sie auf, mir die Ware bis spätestens (Datum) in einwandfreiem Zustand zu liefern. Für die Terminabsprache bin ich telefonisch unter ... zu erreichen. Nach Ablauf dieser Nachfrist werde ich die Annahme verweigern und den Kauf rückgängig machen. In diesem Fall behalte ich mir rechtliche Schritte wegen Nichterfüllung vor.

Mit freundlichen Grüßen

Zögern Sie nicht, auch Schadensersatz zu fordern, wenn ein Liefertermin mehrfach nicht eingehalten wurde.

Werden Sie auch beim zweiten Mal versetzt, so können Sie bei nachweisbarem materiellen Schaden Schadensersatz verlangen, entweder wegen Nichterfüllung und damit verbundenem Schaden oder wegen Verdienstausfall durch den ungenutzten Liefertermin (siehe Musterbrief 5).

Die Gerichte sehen es als sinnvoll an, dem Verkäufer eine zweite Chance zur Anlieferung einzuräumen, ehe sie dem verprellten Kunden Schadensersatz zugestehen. Den gibt es nach Beobachtung der Verbraucherzentrale Nordrhein-Westfalen nur bei konkret nachgewiesenen materiellen Schäden wie Verdienstausfall, nicht jedoch für immaterielle Schäden wie entgangene Freizeit. Die Forderung nach Schadensersatz muss angesichts des meist geringen Streitwerts nicht unbedingt vor Gericht durchgesetzt werden. Meist führt auch der Weg über die zuständige Schlichtungsstelle der Industrie- und Handelskammer oder eine brancheneigene Schlichtungsstelle zum Erfolg, etwa vom Bundesverband des Deutschen Möbelhandels (Adresse am Ende des Buches).

Musterbrief 5:
Schadensersatz für Nichteinhaltung des Liefertermins

Schadensersatz für Nichteinhaltung des Liefertermins

Sehr geehrte Damen und Herren,

am (Datum) habe ich bei Ihnen ein (Nennung der Ware) gekauft (Preis ...), das am (Datum) geliefert werden sollte. Den Termin haben Sie nicht eingehalten, ebenso den zweiten Termin am (Datum).
Für beide Termine musste ich unbezahlten Urlaub nehmen, was einer Lohneinbuße von ... DM entspricht (siehe Kopie der Lohnabrechnung in der Anlage).
Wegen Verzugs und nachweislichem Verschulden verlange ich Schadensersatz und fordere Sie auf, den Verdienstausfall in Höhe von ... DM bis zum (Datum) auf mein Konto ..., BLZ ... bei der ...-Bank zurückzuerstatten.
An einem nochmaligen Liefertermin bin ich nicht interessiert. Erstatten Sie mir den Kaufpreis in Höhe von ... DM bis spätestens (Datum) auf das oben genannte Konto.
Sollte der Betrag nicht fristgemäß eingehen, werde ich gerichtliche Hilfe in Anspruch nehmen.

Mit freundlichen Grüßen

Mitunter kommt die Ware pünktlich, aber beschädigt an. Dann haftet ab dem Zeitpunkt der Übergabe der Verkäufer. Sie können entweder Gewährleistung verlangen oder bei offensichtlichen Mängeln sogar die Annahme verweigern.

Kommt die Ware fehlerhaft bei Ihnen an, sollten Sie den Mangel schriftlich auf dem Lieferschein festhalten lassen.

Wer bei augenscheinlichen Fehlern die Lieferung annimmt, sollte dies nur unter Vorbehalt tun, also auf dem Lieferschein den Mangel vermerken und am besten gleich einen Brief mit Gewährleistungsforderungen ankündigen. Zudem ist es zweckmäßig, mit der Bezahlung zu warten, bis Sie fehlerfreie Ware erhalten haben.

Wurde der Termin zwar eingehalten, aber die Ware war bei Lieferung mangelhaft, so sollten Sie sofort reklamieren und auf Gewährleistung oder mindestens Nachbesserung bestehen. Verschwitzt der Verkäufer den Termin der Nachbesserung, so sollten Sie wiederum Schadensersatz verlangen: für Verdienstausfall in der vergeblich gewarteten Zeit und gegebenenfalls wegen Nichterfüllung – nach dem Muster von Brief 5.

Fehler nach Ablauf der Gewährleistungsfrist

Anspruch auf Gewährleistung mangelhafter Produkte beim Händler hat der Käufer nicht ewig. Bei beweglichen Sachen verjährt die Reklamationsfrist schon nach sechs Monaten (Ausnahme: bei arglistiger Täuschung 30 Jahre). Zeigen sich Mängel erst hinterher, sind Rückgabe, Preisnachlass und Umtausch ausgeschlossen und die Mängelbeseitigung kostet ab sofort Ihr Geld. Dann hilft nur noch eine zeitlich weitergehende Garantie des Herstellers, um Geld für die meist teure Reparatur zu sparen. Bei vielen Geräten gibt der Hersteller nämlich freiwillig die Zusage, dass der gekaufte Artikel länger einwandfrei funktionieren wird. Meist übernimmt der Fabrikant ein Jahr Garantie vom Kauftag an, bei stationärer Technik wie Heizungen zwei Jahre, bei neuen Autos bis zu drei Jahre (bei bestimmten Mängeln sogar bis zu sechs Jahre).

Viele Hersteller sind von ihren Produkten so überzeugt, dass sie eine längere Garantie geben, als der Gesetzgeber es verlangt.

Tritt nach der Gewährleistungsfrist, aber noch in der vom Hersteller freiwillig eingeräumten Garantiezeit ein Fehler auf, so sollten Sie sich unverzüglich mit dem Hersteller in Verbindung setzen (siehe Musterbrief 6). Er muss allerdings entsprechend dem Kleingedruckten auf der Garantiekarte meist nur das defekte Teil für Sie kostenlos austauschen; der Kunde bleibt auf den Kosten für Material und Anfahrt sitzen. Immerhin spart er in der Garantiezeit den Handwerkerlohn.

Musterbrief 6: Beanspruchung der Hersteller-Garantie

Garantieanspruch

Sehr geehrte Damen und Herren,

am (Datum) habe ich beim Händler (Name des Händlers) ein (Bezeichnung der Ware) gekauft (Preis …), das seit (Datum) defekt ist. Die Gewährleistungsfrist ist also überschritten.
Sie hatten eine freiwillige Herstellergarantie von … Monaten übernommen (siehe Kopie des Garantiescheins samt Kassenzettel). Die möchte ich hiermit in Anspruch nehmen. Für eine Terminabsprache bin ich telefonisch unter … zu erreichen. Bitte übernehmen Sie möglichst auch die Kosten für Material und Anfahrt.

Mit freundlichen Grüßen

Viele Hersteller reparieren eine Ware auch nach Ablauf der Herstellergarantie zu einem geringeren Preis.

Moderne Technik macht es möglich, dass insbesondere Konsumgüter immer länger halten und weder in der Gewährleistungsfrist des Händlers noch in der Garantiezeit des Herstellers ausfallen. Taucht der erste Mangel kurz nach Ablauf der Garantiezeit auf, können Sie den Hersteller nur noch um Kulanz bitten. Das heißt, die Firma übernimmt freiwillig einen Teil der Reparaturkosten, obwohl sie das nicht müsste. Dies schaffen Sie umso eher, je freundlicher Sie das Anliegen vortragen, denn ein Recht auf kostenlose Reparatur oder Ersatz gibt es nach Ablauf der Garantiezeit nicht mehr (siehe Musterbrief 7).

Musterbrief 7: Kulanz

Antrag auf Kulanz

Sehr geehrte Damen und Herren,

am (Datum) habe ich einen (Nennung der Ware) gekauft (Preis ...), für den Sie als Hersteller eine Garantiezeit von ... Monaten angegeben haben, die leider gerade abgelaufen ist.
Bislang gab es überhaupt keinen Grund zur Beanstandung; im Gegenteil: Der Kauf war ein voller Erfolg. Nun zeigt sich plötzlich folgender Mangel:
(Beschreibung des Mangels)
Ich bin ratlos und bitte Sie bei der Reparatur um Kulanz. Eine Kopie des Garantiescheins samt Kassenzettel liegt dem Brief bei. Für eine baldige Antwort wäre ich dankbar. Zu einer eventuellen Terminabsprache für die Kulanz-Reparatur bin ich telefonisch unter ... zu erreichen. Bitte übernehmen Sie möglichst auch den größten Teil der Kosten für Material und Anfahrt.

Vielen Dank im Voraus und freundliche Grüße

Erfahrungsgemäß werden Sie in acht von zehn Fällen offene Ohren finden und nicht wenig bares Geld sparen können.

Beim Gebrauchtkauf müssen Sie gut aufpassen – nur in manchen Fällen gibt es eine Gewährleistung für die Gebrauchtware.

Wieder anders ist die Lage beim Kauf gebrauchter Sachen: Im Gegensatz zum Neukauf kann die Gewährleistung komplett ausgeschlossen werden. Der Verkäufer haftet dann nur, wenn er einen Mangel arglistig verschwiegen hat oder wenn eine zugesicherte Eigenschaft fehlt. Gerade beim Autokauf aus zweiter Hand kommt es häufig zu Streit. Fühlen Sie sich betrogen, etwa weil eine zugesicherte Eigenschaft fehlt, so sollten Sie nicht nur Preisnachlass oder

Rückerstattung des gesamten Preises verlangen, sondern auch zusätzliche Kosten im Zusammenhang mit dem Kauf geltend machen (vergleiche Musterbrief 3). Beispiele: technisches Gutachten, Überführungskosten, Finanzierungskosten, Auslagen. Außerdem können Sie innerhalb von sechs Monaten Schadensersatz wegen Nichterfüllung verlangen. Holen Sie vorher unbedingt Rechtsrat ein, am besten bei der örtlichen Verbraucherzentrale, denn die Beweislage ist häufig für den Kunden sehr schlecht, vor allem dann, wenn die zugesicherten Eigenschaften nicht schriftlich im Kaufvertrag festgehalten worden waren.

Ärger bei Katalog-, Tele- oder Online-Shopping

Der Kauf von Waren über den Versandhandel wird immer häufiger genutzt, da es bequem ist, von zu Hause aus einzukaufen.

Die Vorteile beim Einkauf im Versandhaus sind bekannt: Man kann bequem und in Ruhe von zu Hause aus bestellen, ist nicht an Ladenschlusszeiten gebunden, hat per Katalog eine schnelle Preisübersicht und kann meist gegen Rechnung bestellen. Das hat den Vorteil, dass die Ware erst 14 Tage nach Lieferung bezahlt werden muss. Nachteile: Das Produkt ist im Katalog nicht in allen Einzelheiten zu erkennen, die Lieferung kann abgelehnt werden (etwa weil der Artikel ausverkauft ist), die Lieferfrist kann sich hinziehen.

Auch beim Versandhaus-Kauf haben Sie bei Mängeln das Recht auf Wandelung, Kaufpreisminderung, Ersatz oder Nachbesserung innerhalb von sechs Monaten. Hinzu kommt das uneingeschränkte Recht auf Rückgabe: Alle großen Anbieter nehmen die Ware ohne Angabe von Gründen zurück und räumen dem Kunden dafür 14 Tage Zeit ein. Die Kosten trägt meistens der Versandhändler, aber nur, wenn im Kleingedruckten oder auf der Rechnung nichts anderes steht. Der Kunde muss auf das Paket nur „unfrei“ schreiben, es zurückschicken (samt Lieferschein, Warenschein und Originalverpackung) und nicht vergessen, den Einlieferungsschein von der Post aufzuheben. Wiegt die Sendung über 20 Kilogramm, müssen Sie das Versandhaus schriftlich auffordern, die Sachen bei Ihnen abzuholen, denn die Post befördert so schwere Lasten nicht. Müssen Sie einen Artikel zurückgeben, der ihnen eigentlich gefällt, aber zum Beispiel nicht passt, so können Sie indirekt umtauschen:

Die Rückgabe von Waren beim Versandhandel ist einfach: Sie müssen sie nur zurückschicken.

das schon gelieferte Stück zurückgeben und bei der Gelegenheit neu bestellen.

Erst wenn die Ware ins Haus kommt und nicht zurückgegeben oder reklamiert wird, kommt ein wirksamer Kaufvertrag zustande. Häufig lässt die Lieferung aber auf sich warten, mitunter einen Monat und mehr. Das ist ärgerlich. Bei verspäteter Anlieferung kann man zwar auch von seinem Rückgaberecht Gebrauch machen. Aber man will die Ware ja haben, nur eben sehr viel eher. Deshalb sollten Sie dem Versandhaus generell und schriftlich eine Lieferfrist von höchstens vier Wochen setzen und anderenfalls um schnelle Nachricht bitten.

Was für den Einkauf per Versandhaus-Katalog gilt, trifft theoretisch auch für den Einkauf am Fernseher (Teleshopping) und am Computer (Online-Shopping) zu. Allerdings haben Sie praktisch keine Chance, in Ruhe zu überlegen oder auszuwählen. Wer etwa in solche reinen Teleshopping-Sender wie HOT oder QVC hineinschaut, wird schnell feststellen, dass man selbst in dieser knappen Zeit voll damit beschäftigt ist, die Artikelnummer und die Telefonnummer zu notieren. Preis- und Qualitätsvergleich ist damit praktisch ausgeschaltet, Ärger in vielen Fällen programmiert. Dann muss wenigstens das Kleingedruckte kundenfreundlich sein. Wenn der Anbieter sich darauf nicht einlässt, sollten Sie ihn künftig meiden (siehe Musterbrief 8).

Musterbrief 8: Rückgabe Versandartikel

Rückgabe Versandartikel (Name der Ware oder Bestellnummer), Kundennummer ..., Geschäftsbedingungen

Sehr geehrte Damen und Herren,

am (Datum) habe ich die telefonische / Online-Bestellung vom (Datum) unter oben genannter Kundennummer erhalten.
Die Bestellung entsprach jedoch nicht meinen Erwartungen; ich sende Sie hiermit zurück und wünsche keinen Ersatz.
Da es sich um unser erstes Geschäft handelt, bitte ich Sie folgende Gepflogenheiten zu berücksichtigen, falls Sie an wiederholtem Kauf interessiert sind:

- Räumen Sie ein uneingeschränktes 14-tägiges Rückgaberecht ein,
- ich bezahle nur gegen Rechnung mit 14 Tagen Frist,
- bei Rückgabe erstatten Sie den vollen Preis und übernehmen auch die Versandspesen,
- bei Rückgabe von Auslandssendungen übernehmen Sie nachträglich die Versandspesen (durch Verrechnung mit der nächsten Bestellung),
- für jede Bestellung gilt eine Lieferfrist von höchstens ... Tagen.

Bitte bestätigen Sie diese Geschäftsbedingungen schriftlich. An einer Speicherung meiner Kundendaten ohne entsprechende Information bin ich nicht interessiert. Die Weitergabe meiner Daten an Dritte darf ohne meine ausdrückliche Einwilligung nicht erfolgen.

Mit freundlichen Grüßen

Achtung: Derzeit sind nur wenige Anbieter bereit, das für den Kunden so wichtige uneingeschränkte 14-tägige Rückgaberecht einzuräumen. Die praktischen Zahlungsbedingungen lassen häufig zu wünschen übrig. So wird manchem Tele- und Online-Shopper bei der ersten Bestellung nur die Bezahlung per Nachnahme angeboten. Wollen Sie die Sachen dann zurückgeben, wird zwar meist der Kaufpreis erstattet, Versandspesen und Nachnahmegebühr müssen Sie aber begleichen.

Auch über das Internet kann man mittlerweile vielerlei Waren bestellen.

Inzwischen bieten sowohl große Versandhäuser wie Quelle, Otto oder Neckermann als auch andere Firmen, etwa Karstadt mit seinem virtuellen Kaufhaus „My World“, Internet-Shopping an. Geboten wird meist viel praktische Information über die Ware, zudem handfester Service. Beispiel: Bei Büchern und CDs ist am Computer der Blick in das aktuell lieferbare Titelverzeichnis möglich. Wer die Telefongebühren nicht aus dem Blick verliert (am teuersten ist die Zeit zwischen 9 und 12 Uhr vormittags), kann schnell und überlegt einkaufen. Größtes Problem ist derzeit noch die Bezahlung. Wer mit Kreditkarte bezahlt, muss seine Daten unverschlüsselt durchs Netz schicken – ein willkommenes Präsent für manchen Hacker, der hinterher auf Ihre Kosten einkaufen kann. Die Entwicklung einer digitalen Währung steckt noch in den Kinderschuhen. Einige Anbieter akzeptieren inzwischen „eCash“. Studieren Sie vor Vertragsabschluss unbedingt das Kleingedruckte. Denn auch hier lauern Fallen.

Preise müssen auch im Internet immer vollständig angegeben werden.

Eine Stichprobe der Verbraucherverbände registrierte häufig unvollständige Preisangaben, vereinzelt sogar Preise ohne Gewähr – ein klarer Verstoß gegen die Preisangabenverordnung, die auch im Internet gilt (siehe Musterbrief 9). Vielfach wurden Kunden zur Vorkasse gedrängt, statt erst nach Erhalt der Ware zu bezahlen.

Über Geschäftsbedingungen kann sich der potenzielle Kunde häufig nicht zumutbar informieren. Zumutbar heißt in diesem Fall: Die Bedingungen müssen gut lesbar und nicht zu umfangreich sein. Im Prinzip dürfen die Kundenrechte im Internet nicht beschnitten werden; eine entsprechende „Fernabsatzrichtlinie" der EU, die Details wie Informationspflichten der Anbieter und Widerrufsrechte der Kunden regeln soll, wird in Deutschland vermutlich frühestens im Juni 2000 verabschiedet. Das Landgericht München gab aber kürzlich schon die Richtung vor: Anlässlich eines strittigen Abonnementvertrages, der über das Internet zustande gekommen war, entschieden die Richter, dass Sonderrechte für die moderne Technologie ohne ausdrückliche gesetzliche Regelungen nicht gelten (Az: 7 O 22251/97).

Musterbrief 9: Reklamation Internet-Einkauf

Reklamation Internet-Kauf vom (Datum), unter www.(Internetadresse)

Sehr geehrte Damen und Herren,

am (Datum) habe ich online folgende Ware (Nennung der Ware) bestellt und sofort per Kreditkarte bezahlt. Am (Datum) erhielt ich die Lieferung, die ich hiermit reklamiere, da Sie einen höheren Preis als auf der Internet-Seite am Kauftag angegeben von meinem Konto abgebucht haben.
Das Landgericht München hat jedoch festgestellt, dass Anbieter von Online-Shopping die gesetzlichen Schutzvorschriften wie die Preisangabenverordnung einhalten müssen und keinerlei Sonderrechte genießen (Az: 7 O 22251/97).
Erstatten Sie mir daher den Differenzbetrag von ... DM bis spätestens (Datum) auf das Ihnen bekannte Kreditkartenkonto. Falls ich bis dahin keinen Zahlungseingang feststellen kann, mache ich den Kauf rückgängig und werde außerdem gerichtliche Hilfe in Anspruch nehmen. Zugleich behalte ich mir vor, den Verbraucherschutzverein wegen unlauteren Wettbewerbs einzuschalten.

Mit freundlichen Grüßen

Fühlen Sie sich bei einem Bildschirmkauf über Ländergrenzen hinweg betrogen, steht Ihnen zwar der Rechtsweg offen, doch lohnt dies wegen des meist geringen Kaufpreises nicht. Außerdem: Selbst wenn Sie das im Ausland Bestellte uneingeschränkt zurückgeben können, haben Sie Kosten: Auslandssendungen dürfen nicht „unfrei" geschickt werden. Sie müssen für Päckchen bis zwei Kilo mindestens 12 DM bezahlen, für Pakete mindestens 25 DM.

Wenn Sie Waren in einem anderen Land bestellen und unzufrieden sind, entstehen Ihnen zum Teil hohe Kosten bei der Rücksendung.

Wenn Minderjährige ohne die Einwilligung der Eltern Waren per Katalog oder Bildschirm bestellt haben, ist der Kauf unwirksam. Geben die Eltern nicht spätestens 14 Tage nach der Anlieferung ihr Einverständnis oder bezahlen gar, gilt die Annahme der Lieferung als verweigert. Dann können Sie die Artikel auch noch viel später als in der üblichen Rückgabefrist zurückschicken – natürlich auf Kosten des Versenders.

Mitunter bringt der Postbote auch Sachen, die Sie gar nicht bestellt hatten. Wer sich schon beim Empfang sicher ist, es mit unbestellter Ware zu tun zu haben, sollte das Päckchen gar nicht erst annehmen. Tun Sie es doch, werden Sie im Begleitschreiben aufgefordert, die Ware zu bezahlen oder zurückzuschicken. Beides brauchen Sie nicht zu tun. Sie müssen den Absender auch nicht davon unterrichten, dass Sie kein Interesse an den Sachen haben. Allerdings dürfen Sie den Inhalt nicht sofort wegwerfen. Sie können sich jedoch den lästigen Gang zur Post samt Porto sparen. Einzige Pflicht: Die Sendung aufbewahren, um dem Absender die Chance zu geben, alles unaufgefordert wieder abzuholen.

Nehmen Sie Waren, die Sie nicht bestellt haben, nicht an!

Es gibt keine einheitliche Aufbewahrungsfrist für nicht bestellte Waren. Um unliebsamen Überraschungen vorzubeugen und Streit um die Bezahlung längst vergessener Lieferungen zu vermeiden, hier einige Erfahrungswerte: Für eine Tageszeitung genügt ein Tag, für eine Illustrierte eine Woche, für ein Buch oder Münzen veranschlagen Verbraucherverbände bis zu 12 Monate.

Kommt allerdings ein gerichtlicher Mahnbescheid ins Haus, müssen Sie schnell reagieren und binnen 14 Tagen widersprechen, am besten nach Rücksprache mit der Verbraucherzentrale. Sonst steht plötzlich der Gerichtsvollzieher vor der Tür (siehe Musterbrief 10 auf der nächsten Seite).

Musterbrief 10: Widerspruch gegen Zahlung unbestellter Ware

Widerspruch Mahnbescheid / Aktenzeichen ...

Sehr geehrte Damen und Herren,

in der oben genannten Mahnsache lege ich fristgemäß Widerspruch gegen den Mahnbescheid ein, der mir am (Datum) zugegangen ist.
Es handelt sich eindeutig um unbestellte Ware, die ich keinesfalls bezahlen werde. Ich hatte den Artikel einige Wochen aufbewahrt, um die Abholung sicherzustellen. Davon hat der Absender jedoch keinen Gebrauch gemacht.

Mit freundlichen Grüßen

Reue bei Haustürgeschäften

Kommt der Verkäufer zu Ihnen nach Hause, kann das Geschäft auch nach Ladenschluss über die Bühne gehen. In der Regel gibt es umfangreiche Beratung und Vorführung. Nachteile: Es wird nur ein bestimmtes Produkt angeboten, Preis- und Leistungsvergleich sind nicht möglich. Der Verkäufer kommt meist ungerufen und will etwas verkaufen, häufig ohne den Bedarf des Kunden zu kennen, der sich überrumpelt fühlt.

Bei Haustürgeschäften fühlt man sich vom Vertreter oft überrumpelt.

Daher hat der Gesetzgeber ein befristetes Widerrufsrecht für so genannte Haustürgeschäfte eingeräumt: eine Woche, gerechnet ab Vertragsabschluss. Der Widerruf muss schriftlich erfolgen, eine Begründung ist nicht erforderlich (siehe Musterbrief 11). Zu den Pflichten des Verkäufers gehört es, Sie über das Widerrufsrecht gesondert zum Vertrag schriftlich aufzuklären und die Belehrung unterschreiben zu lassen. Tut er dies nicht, so erlischt das Widerrufsrecht erst einen Monat, nachdem beide Seiten ihre Leistung erbracht haben – wenn also der Verkäufer geliefert und der Kunde bezahlt hat. Sie können demnach zum Beispiel den Kauf einer Hose in den heimischen vier Wänden noch einen Monat nach der Bezahlung rückgängig machen, die Ware zurückgeben und das Geld zurückfordern. Doch nicht jeder Kauf außerhalb eines Ladens gilt als Haustürgeschäft (siehe Kasten).

WICHTIG

Was zu Haustürgeschäften zählt

Hier können Sie widerrufen:

- Kauf im Bereich der Privatwohnung (inklusive Haustür),
- Kauf am eigenen Arbeitsplatz (außer bei Selbstständigen),
- Kauf anlässlich einer Kaffeefahrt oder ähnlichen Veranstaltung,
- Kauf nach Ansprechen in Verkehrsmitteln, auf öffentlichen Straßen, Plätzen und Wegen sowie in öffentlichen Gebäuden.

Hier können Sie nicht widerrufen:

- Sie hatten den Vertreter ausdrücklich zu sich bestellt,
- der Wert des Geschäfts bleibt unter 80 DM und es wird sofort bezahlt

Musterbrief 11: Widerruf Haustürgeschäft

Widerruf des Haustürgeschäftes vom (Datum)

Sehr geehrte Damen und Herren,

am (Datum) habe ich einen Vertrag über (Nennung der Ware/Dienstleistung) mit der Vertriebsfirma (Name) an der Haustür abgeschlossen.
Hiermit widerrufe ich den Vertrag fristgemäß, zumal ich den Verkäufer nicht bestellt hatte. Die Annahme der Lieferung werde ich in jedem Fall verweigern. Falls ein Nachbar die Waren annimmt, werde ich Sie umgehend auf Ihre Kosten zurückschicken. Ihre Rechnung werde ich nicht bezahlen.

Mit freundlichen Grüßen

Egal, auf welchem Wege Sie einkaufen: Bei größeren Kaufsummen und gleichzeitig längerer Lieferzeit wollen sich Händler häufig durch Anzahlungen des Kunden absichern.

Mitunter lässt die Anlieferung bis zu sechs Monate auf sich warten, etwa bei Möbeln. Auf eine Anzahlung von mehr als zehn Prozent sollten sich Käufer nicht einlassen und dies auch schriftlich kundtun (siehe Musterbrief 12).

Als Anzahlung reichen zehn Prozent völlig aus.

Musterbrief 12: Anzahlung bei zeitverzögerter Lieferung

Anzahlung Ihres Waren- und Lieferangebots
(Nennung der Ware)

Sehr geehrte Damen und Herren,

am (Datum) habe ich mich über obiges Angebot mit dem Verkäufer (Name) beraten. Er forderte bei Vertragsabschluss eine Anzahlung von ... Prozent. Ich habe noch einmal darüber nachgedacht und unterbreite folgendes Gegenangebot:
Da eine Anzahlung offenbar nicht zu vermeiden ist und damit das Prinzip „Erst die Ware, dann das Geld" von Ihnen nicht eingehalten wird, biete ich maximal ... Prozent Anzahlung. Da Sie aber erst in einigen Monaten liefern können, fordere ich gleichzeitig drei Prozent Skonto vom Kaufpreis.
Ich leiste die Anzahlung unter dem Vorbehalt, dass Sie spätestens bis zur ... Kalenderwoche dieses Jahres liefern werden. Ansonsten werde ich den Kaufvertrag wandeln. Falls Sie in der Zwischenzeit in Zahlungsschwierigkeiten geraten, sichern Sie mir zur Sicherheit meiner Anzahlung in jedem Falle die Anlieferung der Ware bzw. die Absicherung meines Geldes durch eine Bankbürgschaft zu. Der Inhalt dieses Briefes wird Bestandteil des Kaufvertrages.
Falls Sie unter diesen Bedingungen an einem Vertrag interessiert sind, bestätigen Sie dies bitte schriftlich und rufen mich zudem gern unter der Nummer ... an; wir vereinbaren dann den Termin zur Vertragsunterzeichnung.

Mit freundlichen Grüßen

Geht eine Firma in Konkurs, der Sie eine Anzahlung geleistet haben, ist im schlimmsten Fall Ihr Geld verloren.

Wichtig ist vor allem die Rechtslage, wenn die Möbelfirma in Konkurs geht und die Anzahlungen der Kunden verloren sind. Ob Kunden ihre Möbel noch erhalten oder einen Teil des Geldes zurückerstattet bekommen, muss der Konkursverwalter entscheiden. Ordnet er die Lieferung an, hat der Kunde Glück gehabt. Falls nicht, bleibt den Kunden nur die Möglichkeit, ihr Geld im Konkursverfahren zurückzufordern. Beim Konkurs gibt es aber nicht die ganze Anzahlung zurück, sondern nur einen Bruchteil – und wenn die Konkursmasse aufgebraucht ist, gehen Kunden leer aus.

Bisher haben nur wenige Händler die Anzahlungen gegen ein Ausfallrisiko abgesichert; meist mit einer Bankbürgschaft. Daher sollten Kunden vom Kauf abspringen, wenn der Händler mehr als 10 Prozent Anzahlung will. Übrigens: Verlangt das Möbelhaus die „Restzahlung schon vor der Lieferung", so können Sie dies ablehnen – dies entschied der Bundesgerichtshof (Az:VIII ZR 204/98).

Probleme mit Handwerkern

Für Mängel bei Handwerk und Dienstleistungen gilt im übertragenen Sinne dasselbe wie beim Kauf; allerdings handelt es sich hier um Werkverträge mit modifizierten Gewährleistungsansprüchen. Für mangelhaft ausgeführte Handwerks- oder Dienstleistungen gilt: Der Anspruch auf Gewährleistung verjährt sechs Monate nach der Abnahme des Auftrages, bei Arbeiten an Grundstücken nach einem Jahr, bei Arbeiten an Bauwerken fünf Jahre (§ 638 BGB). Wichtig: Bauhandwerker wollen die gesetzliche 5-Jahres-Frist häufig dadurch unterlaufen, dass sie im Kleingedruckten „Gewährleistung nach VOB" einräumen. Gemeint ist damit eine Klausel in der Verdingungsordnung für Bauleistungen (VOB), in der für Bauwerke nur 2 Jahre Gewährleistung geboten werden. Darauf muss sich jedoch kein Kunde einlassen, sondern sollte gerade bei größeren Arbeiten am oder im Haus grundsätzlich auf längere Verjährungsfrist für Mängel bestehen. Denn Reparaturen, die aufgrund etwaiger Mängel nötig werden, können teuer sein!

Unterschreiben Sie keinen Vertrag für Arbeiten an Bauwerken, der die Klausel „Gewährleistung nach VOB" enthält!

Kostenbremse: Kostenvoranschlag und Festpreis

Aufwendige Reparaturen sollten Sie nicht an die erstbeste Firma vergeben. Die Preisunterschiede für gleiche Leistungen sind unglaublich. Machen Sie sich den Preiswettbewerb zwischen den Anbietern zunutze und holen wenigstens drei Angebote ein, die zugleich einen Kostenvoranschlag enthalten (siehe Musterbrief 13 auf der nächsten Seite).

Das mag zwar etwas Arbeit machen, doch lohnt sich dieser „kleine" Aufwand, wie Sie sehen werden. Falls Sie einen Computer besitzen, brauchen Sie den Brief zudem nur einmal zu tippen und können ihn mit geänderter Adresse mehreren Firmen schicken.

Musterbrief 13: Kostenvoranschlag

Kostenvoranschlag für (Nennung der Dienstleistung)

Sehr geehrte Damen und Herren,

am oben genannten Grundstück möchte ich folgende Arbeiten ausführen lassen: (Aufzählung der Arbeiten)
Die Arbeiten sollten in der Zeit von (Datum) bis (Datum) erledigt werden, müssen aber spätestens am (Datum) beendet sein. Bitte machen Sie mir dazu bis spätestens (Datum) ein schriftliches Angebot (unverbindlich und kostenlos). Falls vorher ein Termin vor Ort für das Aufmaß nötig sein sollte, rufen Sie mich bitte umgehend zur Terminvereinbarung unter der Nummer ... an.
Berücksichtigen Sie bei Ihrem Angebot ausschließlich Festpreise, an die Sie sich sowohl vom Material als auch von den Leistungen bis zum (Datum) gebunden fühlen, und führen sämtliche Nebenkosten inklusive Mehrwertsteuer auf. Eine Abrechnung nach Stundensätzen ist ausgeschlossen.

Mit freundlichen Grüßen

Wer mehrere Kostenvoranschläge einholt, kann sich das günstigste Angebot aussuchen.

Mit dem Kostenvoranschlag setzen Sie der Firma einen klar umrissenen Rahmen für die erwartete Leistung. Wenn Angebote eingehen, fragen Sie bei technischen Unterschieden nach, lassen sich Positionen wie „Nebenkostenpauschale“ erklären, bestehen auf einer Kostenobergrenze (Bruttopreis inklusive Mehrwertsteuer) und vergeben dann den Auftrag. Vereinbaren Sie auf jeden Fall eine Benachrichtigungspflicht für den Fall, dass der vorgesehene Finanzrahmen gesprengt werden muss oder andere unvorhersehbare Dinge passieren, etwa bei einer Preiserhöhung des Herstellers für das Material, das die Handwerker verwenden. Selbst bei fehlender Vereinbarung kann der Handwerksbetrieb gestiegene Materialkosten nicht ohne weiteres an den Kunden weiterreichen.

Kostenvoranschläge sind grundsätzlich kostenlos, auch wenn sie mit erheblichem Aufwand verbunden sein sollten. Verschiedene Gerichte haben anders lautende Klauseln im Kleingedruckten der Handwerksfirmen für unwirksam erklärt, zuletzt das Landgericht Dortmund (Az: 8 O 426/94). Etwas anderes gilt nur dann, wenn ausdrücklich eine Vergütung vorher vereinbart wird. Fragen Sie im Zweifelsfall bei der Handwerkerinnung nach, ob es üblich ist, für den Voranschlag Geld zu verlangen.

Im schriftlichen Kostenvoranschlag sollten Sie den Auftrag schon so genau wie möglich umreißen. Da sich bei Auswertung mehrerer Angebote und Vorgesprächen vor Ort das Wissen des Kunden meist verbessert, ist er gut beraten, eine nötige Präzisierung schriftlich festzuhalten und sich vom Handwerksmeister unterschreiben zu lassen, ehe er den Auftrag vergibt. Damit ist die Firma auch eng an Ihre Kostenvorgabe gebunden. Später ist nur eine Überschreitung von 10 bis 15 Prozent zulässig. Droht die Reparatur wesentlich teurer zu werden, darf der Handwerker die Zusatzleistung nicht ohne Zustimmung des Kunden erbringen. Solchen Zusatzlohn muss der Kunde nicht bezahlen, sagt das Oberlandesgericht Köln (Az: 13 U 84/93).

Wer als Kunde ganz sichergehen will, vereinbart einen Festpreis. Dann hat er neben einem klaren Auftrag auch für die Kosten eine Höchstgrenze gesetzt (siehe Musterbrief 14).

Musterbrief 14: Auftragsvergabe mit Festpreis

Auftragsvergabe für (Nennung des Auftrags)

Sehr geehrte Damen und Herren,

hiermit erteile ich Ihnen den Auftrag, am genannten Grundstück folgende Arbeiten auszuführen:
(Aufzählung der Arbeiten)
Leistungen und Preise richten sich nach Ihrem Kostenvoranschlag vom (Datum), in dem Sie sich ausdrücklich zu Festpreisen bekannt haben, an die Sie sich bis zum (Datum) gebunden fühlen.
Die Auftragserteilung gilt nur für den Fall, dass Sie mir den vereinbarten Bruttopreis (inklusive Mehrwertsteuer) garantieren und die Arbeiten fristgemäß erledigen, also bis spätestens (Datum). Für den Fall von Terminverzug bei der Fertigstellung berechne ich Ihnen pro Werktag 100 DM Verzugskosten, um die ich die Rechnung kürzen werde.
Ohne meine ausdrückliche Zustimmung dürfen keine zusätzlichen Leistungen erbracht werden. Für die Gewährleistung der Arbeiten soll ausdrücklich die gesetzliche Verjährungsfrist gemäß § 638 BGB gelten.
Bei Barzahlung in einer Frist von sieben Tagen nach Rechnungseingang räumen Sie mir ein Skonto von ... Prozent ein.
Bitte bestätigen Sie mir die Annahme des Auftrages schriftlich bis spätestens (Datum).

Mit freundlichen Grüßen

Wer sich dagegen auf die weit verbreitete Vergütung auf Stundenlohn-Basis einlässt, muss damit rechnen, dass jede Verzögerung zu seinen Lasten geht und die Reparatur verteuert.

Aufpassen bei Verspätung und Mängeln

Wehren Sie sich dagegen, wenn Handwerker nicht zum vereinbarten Termin kommen.

Nachdem Sie alles perfekt organisiert glaubten, lässt sich kein Handwerker zum vereinbarten Termin blicken. Die telefonische Rückfrage ergibt: Ein sehr wichtiger Termin ist dazwischengekommen, Ihr Auftrag „verzögert sich wahrscheinlich um einige Tage". Diese Verzögerung braucht sich niemand gefallen zu lassen – nur bei höherer Gewalt oder Krankheit ist etwas Geduld angebracht. Wurde ein fester Endtermin ausgemacht, so ist die Firma automatisch in Verzug; haken Sie am besten spätestens nach zwei Tagen telefonisch nach. Passiert dann weiterhin nichts, sollten Sie die erste Mahnung schicken und auf termingerechte Erledigung bestehen. Ruht die Angelegenheit weiterhin, steht dem unzuverlässigen Handwerker eine letzte Nachfrist von höchstens zwei Wochen zu, ehe der Kunde neu disponieren kann. Kommen die Handwerker nun endlich, läuft alles wie abgemacht. Passiert nun aber immer noch nichts, können Sie aus dem Vertrag aussteigen und Schadensersatz verlangen – inklusive des Aufwandes, eine Ersatzfirma ausfindig zu machen und zu beauftragen, Ihres Verdienstausfalls und finanzieller Einbußen, die Ihnen durch die erneute Auftragsvergabe entstehen (siehe Musterbrief 15).

Musterbrief 15: Schadensersatz wegen Verzögerung

Auftrag vom (Datum) / Schadensersatz wegen Verzögerung

Sehr geehrte Damen und Herren,

trotz meiner Mahnung vom (Datum) und anschließender Nachfrist bis (Datum) haben Sie es nicht für nötig befunden, den Auftrag vom (Datum) zu erledigen.
Wie angekündigt, lehne ich die vereinbarte Leistung nun ab und verlange wegen Verzugs Ersatz für folgende Schäden:

- für die vergebliche Wartezeit an beiden Terminen anlässlich Ihres vereinbarten Arbeitsbeginns am (Datum) und (Datum). Dafür musste ich unbezahlten Urlaub nehmen, was einer Lohneinbuße von ... DM entspricht (siehe Kopie der Lohnabrechnung in der Anlage),
- für meine Aufwendungen (Mahnungen und anderweitige Auftragserteilung) pauschal ... DM,
- für Folgekosten der Verzögerung, insbesondere die Verteuerung des hinterher eingeholten Angebots um ... DM (siehe Kopie der Rechnung in der Anlage).

Ich fordere Sie auf, Schadensersatz in Höhe von insgesamt ... DM zu leisten und bis zum (Datum) auf mein Konto ..., BLZ ... bei der ...-Bank zu überweisen. Sollte der Betrag nicht innerhalb von 14 Tagen eingehen, behalte ich mir rechtliche Schritte vor.

Mit freundlichen Grüßen

Kommen die Handwerker dagegen pünktlich und verrichten die Arbeiten augenscheinlich in guter Qualität, ist der Kunde zufrieden. Mitunter stellt sich jedoch bei der Abnahme des „Werkes" – häufiger erst danach – heraus, dass doch nicht ganz fehlerfrei gearbeitet wurde. Merken Sie es bis zur Abnahme, fordern Sie umgehende Nachbesserung und bezahlen vorher keinen Pfennig. Tritt der Mangel erst danach zutage, liegt die Beweislast beim Kunden: Sie müssen vor Ablauf der Verjährungsfrist Nachbesserung oder Rückvergütung verlangen (siehe Musterbrief 16).

Bestehen Sie darauf, dass Handwerker etwaige Mängel nachbessern.

Musterbrief 16: Mängelbeseitigung

Auftrag vom (Datum) / Rechnung vom (Datum)

Sehr geehrte Damen und Herren,

nach Erledigung des Auftrages vom (Datum) habe ich Ihre Arbeit am (Datum) abgenommen und bezahlt.
Jetzt stellt sich aber folgender Mangel heraus:
(Mängelbeschreibung)
Hiermit bitte ich Sie, die Mängel bis spätestens (Datum) zu beseitigen. Für die Terminabsprache ereichen Sie mich tagsüber unter (Telefonnummer). Sollten die Mängel bis zum (Datum) nicht behoben sein, werde ich jede weitere Nachbesserung ablehnen und vom Vertrag zurücktreten.

Mit freundlichen Grüßen

Die Mängelbeseitigung ist Ihr gutes Recht. Beharren Sie darauf!

Bei der Rückvergütung ist nicht immer die Komplettlösung sinnvoll, da beispielsweise bei einer Heizungsmodernisierung samt Maurerarbeiten am Schornstein nicht das gesamte Material zurückgegeben werden kann. Hier bietet sich eher eine teilweise Rückvergütung des Geldes an – mit Bezahlung des eingesetzten Materials, aber drastischen Abzügen bei der Arbeitsleistung – oder die Fehlerbeseitigung durch eine andere Firma auf Kosten des schlampigen Handwerksbetriebes. Zusätzlich sollten Sie für Schäden durch die misslichen Umstände Ersatz verlangen.

Häufig gelingt es bereits im ersten Anlauf, die Mängel zu beseitigen. Schwere rechtliche Geschütze müssen gar nicht erst aufgefahren werden.

Lässt sich die Firma jedoch ewig zur Mängelbeseitigung bitten, können Sie vom Vertrag zurücktreten und bereits gezahlten Werklohn zurückfordern. Kündigen Sie in einem ähnlich wie Musterbrief 16 klingenden Schreiben an, „die Fehlerbeseitigung durch eine andere Firma zu veranlassen und deren Rechnung der ursprünglich beauftragten Firma zu präsentieren".

Tipp: Bevor Sie jedoch die Drohung wahr machen und womöglich vor die Schranken des Gerichts ziehen, beraten Sie sich besser mit der Verbraucherzentrale.

Falsche Rechnung monieren

Ein Kostenvoranschlag darf etwas niedriger ausfallen als die tatsächliche Rechnung.

Wer einen Festpreis vereinbart hat, ist vor überhöhten Handwerkerrechnungen sicher. Wurde die Preisobergrenze dennoch überschritten, so sollten Sie den Betrag reklamieren und auf einer korrigierten Rechnung bestehen. War lediglich ein Kostenvoranschlag vereinbart, so müssen Sie eine Kostenüberschreitung von höchstens zehn bis 15 Prozent hinnehmen, falls dies konkret begründet und aufgeschlüsselt wird.

Ab zehn Prozent aufwärts sprechen Gerichte häufig von wesentlichen Kostenüberschreitungen und den Kunden von der Mehrzahlung frei. Widersprechen Sie also überhöhten Rechnungen in jedem Fall (siehe Musterbrief 17).

Musterbrief 17: Rechnungsreklamation wegen wesentlicher Überschreitung des Kostenvoranschlags

Rechnung vom (Datum) /
Zurückweisung wegen wesentlicher Kostenüberschreitung

Sehr geehrte Damen und Herren,

mit der oben genannten Rechnung für den Auftrag vom (Datum) bin ich nicht einverstanden.
Sie haben Ihren eigenen Kostenvoranschlag um ... Prozent und damit wesentlich überschritten, mich aber zu keinem Zeitpunkt darüber informiert, dass der vereinbarte Preis nicht zu halten wäre.
Mein Kompromissangebot: Ich bin bereit, ... Prozent mehr als veranschlagt zu zahlen, also insgesamt ... DM – allerdings erst nach Übersendung einer neuen Abrechnung.
Wenn ich die neue Rechnung in Händen halte, beginnt die Frist fürs Skonto zu laufen.
Sollten Sie damit einverstanden sein, garantiere ich Ihnen die Bezahlung innerhalb von zehn Tagen.

Mit freundlichen Grüßen

Eine Nachbesserung kostet den Kunden keinen Pfennig.

Wichtig: Wird eine Nachbesserung nötig, so ist die für den Kunden immer kostenlos, vom Ersatzteil über Arbeitszeit bis zu den Fahrtkosten. Wird der Schaden nur provisorisch oder gar nicht behoben, muss der Kunde gar nicht zahlen. Ausnahme: Sie haben vereinbart, dass der Monteur ein Gerät „nur mal überprüfen“ soll.

Um die Handwerkerrechnung im Rahmen zu halten, sollten Sie eine Firma aus der näheren Umgebung beauftragen, denn auch die Fahrtkosten trägt der Kunde. Allerdings dürfen Fahrt- und Wegezeiten nicht so wie Arbeitszeiten berechnet werden. Üblich ist laut Stiftung Warentest ein Satz, der zehn Prozent unter dem Stundenlohn liegt. Fehlt ein Ersatzteil oder Werkzeug, geht diese Zeit voll zu Lasten des Handwerkers. Laut Stiftung Warentest wird die Uhr dann angehalten. Rüstzeiten (Beladen des Fahrzeugs vor Arbeitsbeginn) sind laut Handwerkerinnung bereits in der Kalkulation des Stundensatzes berücksichtigt und dürfen nicht extra in Rechnung gestellt werden. Andere Nebenkosten wie Schreibgebühren, Verwaltungskosten oder Kosten für Kleinteile dürfen berechnet werden, wenn sie konkret aufgeschlüsselt sind.

Übrigens: Für Auszubildende ist nicht der volle Stundensatz zu zahlen, sondern nur zwischen 45 und 75 Prozent des Tarif-Stundenlohns.

Ein Notdienst, zum Beispiel Schlüssel- oder Elektrodienst, kann durch den 24-Stunden-Service Zuschlag verlangen. Der darf aber nicht auf die Gesamtsumme aufgeschlagen werden, sondern nur auf die Lohnkosten bezogen sein. Ein Ersatzteil wird schließlich nicht in der Nacht oder am Wochenende teurer, sondern nur die Arbeitsleistung.

Bei Streit: Schlichten ist besser als richten

Werden Sie sich mit den Handwerkern nicht einig, bleibt Ihnen vor dem teuren und langwierigen Rechtsweg noch der preiswerte Versuch gütlicher Einigung vor der zuständigen Schlichtungsstelle (siehe Musterbrief 18).

Musterbrief 18: Einschalten der Schlichtungsstelle

Auftrag vom (Datum) / Rechnung vom (Datum) / Reklamation (Beschreibung)

Sehr geehrte Damen und Herren,

leider haben Sie immer noch nicht auf meine obige Reklamation (Beschreibung) in der strittigen Angelegenheit zum Auftrag vom (Datum) Stellung bezogen.
Falls ich nicht bis spätestens (Datum) einen annehmbaren Vorschlag von Ihnen erhalte, lasse ich den Fall durch die regionale Schlichtungsstelle Ihrer Branche beurteilen und mache meinen Anspruch gegebenenfalls gerichtlich geltend.

Mit freundlichen Grüßen

Bevor Sie den Rechtsweg beschreiten, wenden Sie sich lieber an eine Schieds- oder Schlichtungsstelle.

Schieds- oder Schlichtungsstellen werden außergerichtlich und kostenlos tätig, wenn bei Handwerkern und Dienstleistern, aber auch in Handel, Gewerbe oder im Gesundheitswesen Streit entflammt. Sie sind praktisch von der Anbieterseite installiert worden, um außergerichtlich Recht zwischen Arzt und Patient, Handwerker und Kunde, Händler und Käufer zu sprechen.

Die entsprechende Adresse gibt es bei der örtlichen Handwerkskammer, Industrie- und Handelskammer oder Ärztekammer (siehe Telefonbuch und Adressen am Ende des Buches). Weit verbreitet sind sie im Kfz-Gewerbe, im Gebrauchtwagenhandel, für Abschleppunternehmen, für Textilreinigung und Schuhreklamation, Radio- und Fernsehtechnik, Architektenleistungen, Bauschlichtung, den EDV-Bereich sowie für Streit mit Ärzten, Zahn- und Tierärzten.

Das Schlichtungsverfahren soll den Rechtsweg nicht verbauen.

In aller Regel wird sich die betreffende Firma dem Schiedsspruch freiwillig unterwerfen. Der Kunde dagegen hat keine Nachteile, denn fällt das „Urteil" nicht in seinem Sinne aus, bleibt ihm immer noch der Rechtsweg offen. Aber aufgepasst: Das Schlichtungsverfahren unterbricht nicht die Verjährungsfrist für Gewährleistungsansprüche des Kunden – bei Handwerkerleistungen zumeist sechs Monate. Um den Rechtsweg für unzufriedene Kunden nicht zu verbauen, haben Schlichtungsstellen sehr kurze Fristen für einen Schlichtungsantrag gesetzt: etwa einen Monat nach Erkennen des Mangels bei Pkw bzw. drei Monate nach Erhalt einer strittigen Rechnung. Ist die Schlichtung innerhalb von sechs Monaten nicht geglückt und auch keine Klage eingereicht, ist die Angelegenheit verjährt.

Streit mit dem Vermieter

Insbesondere in den Großstädten suchen viele über einen Makler eine neue Wohnung.

Die Freude über eine neue Wohnung kann schon vor dem Einzug getrübt werden: Hatte der Vermieter einen Makler mit der Wohnungsvermittlung beauftragt, muss der neue Mieter dessen Provision bezahlen. Der Makler erhält ein Erfolgshonorar von höchstens zwei Monats-Kaltmieten – also ohne Heiz- und Nebenkosten –, zuzüglich Mehrwertsteuer. Die Provision ist aber nur fällig, wenn der Mietvertrag tatsächlich zustande kommt. Allerdings kann der Makler nur dann Geld verlangen, wenn sein Wohnungstipp für Sie neu war, es sich nicht um eine Sozialwohnung handelt und er kein Eigentümer, Verwalter, Vermieter oder gar der Vormieter der vermittelten Wohnung ist. Erfahren Sie nach dem Einzug, dass der Makler aus einem der oben genannten Gründen gar keinen Anspruch auf Provision hatte, sollten Sie die Provisionszahlung zurückfordern (siehe Musterbrief 19).

Musterbrief 19: Rückforderung der Maklerprovision

Provisionsrechnung vom (Datum) / Rückforderung

Sehr geehrte Damen und Herren,

oben näher bezeichnete Rechnung wurde von mir wie vereinbart am (Datum) bezahlt. Leider habe ich erst jetzt erfahren, dass Sie auch in anderer Weise für den Vermieter tätig sind und bei Vertragsabschluss gar nicht als neutraler Makler hätten auftreten dürfen. Nach dem Gesetz zur Regelung der Wohnungsvermittlung steht Ihnen daher überhaupt keine Provision zu.
Ich fordere Sie auf, die Maklerprovision in Höhe von ... DM zurückzuzahlen. Wenn das Geld nicht bis spätestens (Datum), also in drei Wochen nach Datum dieses Briefes, auf meinem Konto ..., BLZ ... bei der ...-Bank eingegangen ist, behalte ich mir rechtliche Schritte vor. Dann dürfte es allerdings nicht bei der Rückforderung bleiben, sondern auch die Verletzung Ihrer Neutralitätspflicht und gegebenenfalls eine Betrugsabsicht zur Sprache kommen.

Mit freundlichen Grüßen

Mietmängel sofort reklamieren

Für die volle Miete kann man eine fehlerfreie Wohnung erwarten. Ist etwas an der „Mietsache" nicht in Ordnung, sollte der Vermieter eingeschaltet werden, um den Mangel zu beseitigen. Sie haben Anspruch auf Mängelbeseitigung in angemessener Zeit (siehe Musterbrief 20).

Größere Mängel an einer Wohnung muss der Vermieter beseitigen.

Musterbrief 20: Beseitigung von Wohnungsmängeln

Mietvertrag Nummer ... / Information über Wohnungsmangel

Sehr geehrte Damen und Herren,

als Mieter der Wohnung (nähere Bezeichnung, ggf. Straße, Ort) möchte ich Sie auf folgende Mängel aufmerksam machen, die ich erst nach dem Einzug bemerkt habe bzw. die jetzt aufgetreten sind:
(Mängelbeschreibung)
Ich möchte Sie herzlich bitten, die Mängel kurzfristig abzustellen, da sie die Bewohnbarkeit stark beeinträchtigen. Schön wäre es, wenn Sie dies in den nächsten 14 Tagen organisieren könnten. Für Ihre Mühe vielen Dank im Voraus; zu telefonischer Terminabstimmung für die Handwerker stehe ich Ihnen unter der bekannten Telefonnummer zur Verfügung.

Mit freundlichen Grüßen

Weigert sich der Vermieter oder lässt gar nichts von sich hören, sollten Sie ihn mahnen und zugleich Mietminderung androhen. Dazu ändern Sie den Wortlaut des Musterbriefes 20 sinngemäß ab: „Leider haben Sie bisher nicht reagiert. Ich fordere Sie auf, die Mängel bis spätestens (Datum) abzustellen. Danach werde ich eine Firma mit der Mängelbeseitigung beauftragen und Ihnen die Kosten in Rechnung stellen. Die Mängel rechtfertigen unabhängig von den genannten Kosten eine Mietminderung von ... Prozent. Auch davon würde ich Gebrauch machen, wenn die Mängel jetzt nicht unverzüglich beseitigt werden."

Erkundigen Sie sich beim Mieterverein, um wie viel Prozent Sie die Miete bei schweren Wohnungsmängeln mindern dürfen.

Passiert dann immer noch nichts, greifen Sie zur Selbsthilfe und beauftragen eine Fachfirma, die den Mangel beseitigt. Wenn dann alles in Ordnung ist, schicken Sie die Rechnung zusammen mit einer angemessenen Mietminderung an den Vermieter. Falls der sauer reagiert und Ihnen die Verrechnung der Kosten mit der laufenden Miete als Mietrückstand auslegt (also die fristlose Kündigung androht), sollten Sie allerdings ganz schnell anwaltlichen Rat einholen. Rechtskundige Mieter könnten ihrerseits mit einer Feststellungsklage offensiv gegen die fristlose Kündigung vorgehen. Damit gehen Sie der Kündigung vorerst aus dem Weg und geben dem Vermieter eine letzte Chance, die offenen Forderungen zu begleichen.

Wenn der Eigentümer die Miete erhöht

Ihr Vermieter darf die ortsübliche Vergleichsmiete verlangen, allerdings darf er die Miete nicht unbegrenzt erhöhen.

In Abständen wird der Vermieter mehr Miete verlangen. Bei Mieterhöhung durch Anpassung an die ortsübliche Vergleichsmiete können Sie der Preissteigerung nur entgehen, wenn sich der Vermieter Formfehler leistet und zum Beispiel nicht wenigstens ein Jahr seit der letzten Mieterhöhung wegen gestiegener Vergleichsmiete in Ihrem Wohnort gewartet hat. Auch wenn die Miete in den letzten drei Jahren um mehr als 30 Prozent (Fertigstellung des Hauses ab 1981) bzw. 20 Prozent (Fertigstellung vor 1981) gestiegen ist, wäre die neuerliche Forderung überhöht. Dann sollten Sie widersprechen, und zwar bis zum Ende des übernächsten Monats (siehe Musterbrief 21).

Musterbrief 21:
Widerspruch Mieterhöhung (Vergleichsmiete)

Widerspruch gegen Mieterhöhung (Vergleichsmiete)

Sehr geehrte Damen und Herren,

Ihre Forderung nach höherer Miete vom (Datum) wegen gestiegener Vergleichsmieten für ähnliche Wohnungen in unserer Kommune habe ich am (Datum) erhalten.
Hiermit widerspreche ich der Forderung, weil die Miete in meinem Fall innerhalb von drei Jahren dadurch um mehr als 20 Prozent steigen würde und die Mieterhöhung so die gesetzlich zulässige Höchstgrenze überschreitet.
Bis auf weiteres werde ich nur die Miete in bisheriger Höhe zahlen.

Mit freundlichen Grüßen

Bestandteil des Mietvertrages sind auch die Betriebskosten, also alle Nebenkosten, die dem Vermieter aus Eigentum und Nutzung der Immobilie entstehen. Auf diese Kosten hat der Eigentümer nur wenig Einfluss; überdurchschnittliche Preissteigerungen sind leider sehr häufig anzutreffen. Sind die Betriebskosten pauschal in der Miete enthalten, ist eine Mieterhöhung wegen gestiegener Betriebskosten die logische Folge, wenn Stadtwerke, Müllabfuhr oder der Finanzminister die Preise erhöhen. Die Mieterhöhung ist jedoch nur gestattet, wenn der Nachweis gestiegener Betriebskosten detailliert geführt und lediglich das an Kosten aufgeführt wird, was im Mietvertrag steht. Erhalten Sie die höhere Mietforderung bis zum 15. des Monats und widersprechen nicht, ist die Mieterhöhung zum Ersten des nächsten Monats wirksam.

Nebenkosten müssen vom Vermieter detailliert aufgelistet werden.

Zumeist zahlen Mieter jedoch eine monatliche Betriebskostenpauschale, die einmal jährlich abgerechnet wird (nach § 4 Absatz 1 Miethöhegesetz). In diesen Fällen scheidet jegliche Mieterhöhung wegen gestiegener Betriebskosten aus; allerdings kann es mitunter zu saftigen Nachzahlungen bei der jährlichen Betriebskostenabrechnung kommen. Bei offensichtlichen Abrechnungsfehlern empfiehlt sich vorsorglicher Widerspruch, ebenso bei zu hohen Forderungen für die monatliche Betriebskosten-Vorauszahlung (siehe Musterbrief 22).

Musterbrief 22: Zurückweisung zu hoher Betriebskosten-Vorauszahlung

Zurückweisung Betriebskosten-Vorauszahlung

Sehr geehrte Damen und Herren,

die Betriebskostenabrechnung für das letzte Jahr habe ich am (Datum) erhalten. Darin ist auch eine deutliche Rückzahlung in Höhe von ... DM ausgewiesen.
Die von Ihnen festgesetzte Pauschale für die Vorauszahlung der Betriebskosten im Folgejahr in Höhe von ... DM pro Monat ist eindeutig zu hoch; ich weise sie zurück.
Ich bitte um angemessene Senkung der Vorauszahlung – etwa ... DM dürften realistisch sein. Die Senkung soll ab dem nächsten Monat gelten. Notfalls werde ich juristisch prüfen lassen, ob Ihre jetzige Forderung angemessen ist.

Mit freundlichen Grüßen

Da das Thema „Betriebskostenabrechnung" wirklich kompliziert ist, sollten Sie bei gravierenden Unklarheiten die Abrechnung vom Mieterverein oder anderen Fachleuten prüfen lassen – vor allem, wenn Sie sich mit der Materie nicht gut auskennen. Rechnungsposten wie „übliche öffentliche Ausgaben" oder „sonstige Nebenkosten" brauchen Sie aber keinesfalls akzeptieren.

Modernisierung nicht immer gerechtfertigt

Sie müssen einer Wohnungsmodernisierung, die der Vermieter durchführen will, nicht in jedem Fall zustimmen.

Meist kommt die Idee zur Modernisierung der Wohnung vom Vermieter. Der kann wegen des damit verbundenen höheren Wohnwertes hinterher elf Prozent der Kosten auf die Jahresmiete aufschlagen. Allerdings braucht man sich nicht jede Mieterhöhung wegen Modernisierung gefallen lassen. Zwei Monate vor beabsichtigtem Beginn muss der Vermieter die Details schriftlich angekündigt haben (Arbeitsumfang, Beginn, Dauer, Mieterhöhung). Sprechen aus Ihrer Sicht gute Gründe dagegen, so sollten Sie der Ankündigung Ihres Vermieters widersprechen. Ist die Ankündigung fehlerhaft und enthält zum Beispiel Arbeiten, die nicht zur Modernisierung gerechnet werden dürfen (Reparaturen, Instandsetzung, Ersatz), sollten Sie in jedem Fall eine Korrektur verlangen (siehe Musterbrief 23).

Musterbrief 23: Widerspruch Modernisierungsankündigung

Widerspruch gegen Modernisierungsankündigung vom (Datum)

Sehr geehrte Damen und Herren,

hiermit widerspreche ich Ihrer Modernisierungsankündigung vom (Datum), weil sie Reparaturen, Instandsetzung und Modernisierung nicht klar voneinander trennen und mehr als Modernisierung abrechnen als nach § 541 b BGB erlaubt. Die unterstellte Mieterhöhung ist daher völlig unakzeptabel.
Ich wäre bereit, eine Modernisierung nach korrigiertem Konzept zu dulden, sofern die Arbeiten rechtzeitig angekündigt werden. Falls die Bautätigkeit zu erheblichen Belastungen führt, werde ich Mietminderung in Betracht ziehen.

Mit freundlichen Grüßen

Würde die Modernisierung sogar eine unzumutbare Härte darstellen, sollten Sie das im Widerspruch deutlich machen und die Arbeiten ganz ablehnen. Härtefälle sind zum Beispiel Schwangerschaft, eine kleinere Wohnfläche als Folge der Modernisierung, Heizungsmodernisierung im Winter, Zerstörung eigener Modernisierungsergebnisse, die mit Zustimmung des Vermieters zustande kamen. Ändern Sie den Musterbrief 23 sinngemäß zum Beispiel so ab: „Die Modernisierung werde ich keinesfalls dulden, weil sie für mich eine unzumutbare Härte darstellt. Begründung: (Nennung des Grundes) Ich kündige an, dass ohne Gerichtsbeschluss niemand wegen Modernisierungsarbeiten Zutritt zu meiner Wohnung bekommt."

Unzumutbar ist eine Wohnungsmodernisierung zum Beispiel während einer Schwangerschaft der Mieterin.

Machen Sie die Modernisierung dagegen mit und ertragen tapfer die Handwerker, so können Sie sich gegen Willkür wehren, falls es die Bauarbeiter zu bunt treiben. So können Sie auf Mietminderung wegen Bauarbeiten pochen, wenn Lärm und Staub Ihnen arg zu schaffen machen. Je nach Einzelfall haben Gerichte vielfach 20 bis 60 Prozent Mietminderung wegen Lärmbelästigung und Dreck bei Bauarbeiten im Haus zuerkannt.

Musterbrief 24: Mietminderung wegen Modernisierung

Mietminderung wegen Modernisierung

Sehr geehrte Damen und Herren,

ich hatte mich bereit erklärt, die Modernisierung in der Wohnung entsprechend Ihrer Ankündigung vom (Datum) zu dulden. Die Bauarbeiten führen jedoch zu so erheblichen Belastungen, dass ich Mietminderung nach § 537 BGB geltend mache. Begründung: (Nennung der Gründe)
Ich zahle für die Zeit ab (Datum) bis zum Ende der Bauarbeiten daher ... Prozent weniger Miete. Sollte die Belastung noch anwachsen, behalte ich mir eine höhere Mietminderung vor.

Mit freundlichen Grüßen

Sind die Modernisierungsarbeiten schließlich beendet, muss meistens renoviert werden. Viele Vermieter sind der irrigen Meinung, dies sei Sache des Mieters („Schönheitsreparatur"), obwohl sie selbst die Modernisierungsaktion veranlasst hatten. Malerarbeiten zur

Instandsetzung nach Bauarbeiten zählen dazu aber nicht, weiß die Stiftung Warentest und empfiehlt Mietern, sich nicht auf die Übernahme dieser Kosten einzulassen, sondern die Renovierung nach Bauarbeiten auf Initiative des Vermieters vom Vermieter zu verlangen und natürlich auch von ihm bezahlen zu lassen.

Vorsicht bei Kündigung

Das Kleingedruckte im Mietvertrag und die Hausordnung bestimmen die Regeln fürs Zusammenleben im Haus – lesen Sie diese Texte daher am besten gründlich durch. Wer sich nicht daran hält, läuft Gefahr, über kurz oder lang die Wohnung zu verlieren. In aller Regel wird es vorher Gespräche geben, dann eine Abmahnung; erst dann ist eine fristlose Kündigung erlaubt. In solchen Härtefällen sollte sofort Rechtsschutz in Anspruch genommen werden, um nicht unverhofft auf der Straße zu sitzen.

Nicht selten lohnt es sich, auch gegen eine Wohnungskündigung wegen Eigenbedarf vorzugehen.

Wenn der Vermieter Sie vor die Tür setzen will, ist meist Eigenbedarf im Spiel, ansonsten beruft er sich auf mangelnde wirtschaftliche Verwertung (zu geringe Miete, blockierte Verkaufsabsicht) oder auf gravierende Verstöße gegen den Mietvertrag (zwei Monatsmieten im Rückstand; laufend rücksichtsloses Verhalten). Selbst wenn die Gründe zutreffen, muss er Ihnen fristgerecht (ab drei Monate aufwärts, je nach Mietdauer) und schriftlich kündigen. Und selbst wenn er nach allen Regeln des Gesetzes kündigt, kann der Mieter den Kündigungsgrund noch beseitigen – meist handelt es sich um Mietschulden, die vom Mieter dann bald beglichen werden sollten.

Faustregel: Spätestens einen Monat, nachdem der Vermieter Räumungsklage erhoben hat, müssen die Mietschulden beglichen sein. Oder Sie legen eine schriftliche Bescheinigung vor, dass das Sozialamt dafür einsteht.

Gut stehen die Chancen für erfolgreichen Widerspruch gegen eine Kündigung wegen Eigenbedarf des Vermieters, wenn die Begründung für den Eigenbedarf wenig schlüssig ist (siehe Musterbrief 25). So liegt zum Beispiel kein Eigenbedarf vor, wenn der Vermieter nicht an Verwandte, sondern an Freunde vermieten will.

Musterbrief 25: Widerspruch gegen Eigenbedarfskündigung

Eigenbedarfskündigung vom (Datum) / Widerspruch

Sehr geehrte Damen und Herren,

mit Schreiben vom (Datum) haben Sie mir wegen Eigenbedarf die Wohnung gekündigt. Hiermit widerspreche ich der Kündigung, weil die Gründe für mich nicht nachvollziehbar sind und damit die Wirksamkeit der Kündigung infrage gestellt ist.
Zum einen war der angeführte Eigenbedarf schon bei Abschluss des Vertrages absehbar, zum anderen steht eine gleich große Wohnung im ... Stockwerk leer, die ebenfalls Ihnen gehört.
Es besteht kein Grund, auf meiner Wohnung zu beharren. Daher gehe ich davon aus, dass unser Mietverhältnis über den Kündigungstermin hinaus Bestand hat.

Mit freundlichen Grüßen

War der Eigenbedarf für den Vermieter bereits absehbar, als Sie den Mietvertrag unterschrieben hatten, ist die Kündigung unwirksam. Aber auch wenn der Eigenbedarf echt ist, können Sie zumeist erfolgreich dagegenhalten, wenn die Kündigung eine unzumutbare Härte für Sie darstellt. Dann empfiehlt sich Widerspruch nach Sozialklausel. Gründe: schwere Krankheit, hohes Alter, lange Wohndauer, Schwangerschaft, bevorstehende Prüfungen, fehlende Ersatzwohnung zu vergleichbarer Miethöhe, geringes Einkommen. Der Widerspruch sollte spätestens zwei Monate vor Ablauf der Kündigungsfrist schriftlich erklärt werden.

Sind Sie schwerbehindert oder sehr krank, kann Ihnen ein Vermieter die Wohnung auch wegen Eigenbedarf nicht ohne weiteres kündigen.

Doch nicht nur der Vermieter kann kündigen, sondern auch der Mieter. Dabei gelten die gleichen Kündigungsfristen von mindestens drei Monaten – bei Einliegerwohnungen jeweils noch drei Monate länger. Ein kürzeres Sonderkündigungsrecht ergibt sich aus besonderen Umständen, etwa bei Gesundheitsgefährdung, unvorhersehbarem, beruflich bedingtem Ortswechsel oder einer drastischen Mieterhöhung.

Geht es an den Auszug, muss die Wohnung ordnungsgemäß übergeben werden. Bei baulichen Veränderungen oder Einbauten gilt: War nichts anderes vereinbart, muss der ursprüngliche Zustand wieder hergestellt werden (auf Kosten des Mieters). Mitunter verpflichtet der Mietvertrag Sie, zum Auszug zu renovieren. Küche, Dusche und Bad müssen alle drei Jahre renoviert werden, Wohn- und Schlafräume alle fünf Jahre und Nebenräume wie Flur und Toilette alle sieben Jahre. Haben Sie alles ordnungsgemäß erledigt, sollten Sie die Auszugsrenovierung zurückweisen.

Eine vom Mieter hinterlegte Kaution muss der Vermieter angemessen verzinsen lassen und dem Mieter mit Zinsen zurückzahlen.

Zumeist verlangt der Vermieter beim Einzug eine Mietkaution in Höhe von drei Monats-Kaltmieten. Sie dient ihm als Sicherheit, falls Mieter Schäden verursachen oder Zahlungsschulden produzieren. Der Vermieter muss die Kaution auf einem Sonderkonto anlegen. Sie haben Anspruch auf angemessene Verzinsung – mindestens so hoch wie beim Sparbuch. Abrechnen muss er mit Ihnen erst, wenn das Mietverhältnis zu Ende geht. Achtung: Ihre Ansprüche auf Rückzahlung der Kaution verjähren schon sechs Monate nach dem Auszug.

Konflikte mit dem Chef

Auf Wortlaut im Arbeitsvertrag achten

Arbeitsverträge können sehr kompliziert und detailliert sein. Dabei gibt es keinen vorgeschriebenen Mindestinhalt. Was nicht ausdrücklich im Vertrag steht, kann der Arbeitgeber später zu seinen Gunsten auslegen. Wichtige Punkte jedes Arbeitsvertrages sind meist schon durch den Tarifvertrag vereinbart: Lohngruppen, Arbeitszeit, Urlaub, Sonderzahlungen, vermögenswirksame Leistungen und Kündigungsfristen. Enthält der Entwurf des Arbeitsvertrages in wichtigen Punkten Lücken, so sollten Sie dem Personalchef höflich, aber bestimmt eine eigene Vorstellung entgegensetzen (siehe Musterbrief 26).

Jeder Arbeitsvertrag muss schriftlich zwischen dem Arbeitgeber und Ihnen abgeschlossen werden.

Musterbrief 26: Ergänzung Arbeitsvertragsentwurf

Ergänzung Arbeitsvertragsentwurf

Sehr geehrte Damen und Herren,

nochmals vielen Dank für die eingeräumte Zeit, über Ihren Entwurf zum Arbeitsvertrag nachzudenken. Nach reiflicher Überlegung schlage ich vor, einige wenige Punkte noch aufzunehmen:
(Nennung der Punkte)
Hilfreich wäre auch festzuschreiben, wann und wie oft das Einkommen gezahlt wird, wann wie hohe Sonderzahlungen fließen, dass jede Kündigung nur schriftlich erfolgen kann und in welcher Form an betriebliche Altersvorsorge gedacht ist.

Mit freundlichen Grüßen

Teilzeitbeschäftigte dürfen nicht zu Überstunden gezwungen werden. Die genaue Arbeitszeit sollte jedoch im Vertrag fixiert sein. Wurde das versäumt, kann der Arbeitgeber mit einer Ankündigungsfrist von drei Tagen einseitig die Arbeitszeit verschieben.

Bei Überstunden und Versetzung Mitspracherecht nutzen

Probleme am Arbeitsplatz sollten Sie möglichst mündlich mit Ihren Vorgesetzten klären.

Kommt es im Arbeitsalltag zu Problemen, sollten Sie versuchen, alles auf kurzem Wege mit Ihrem Chef zu klären. Briefe wirken da deplatziert; sie bewirken häufig, dass sich jeder auf die starre Rechtsposition zurückzieht, was eine unkomplizierte Problemlösung erschwert. Werden Sie jedoch mit gravierenden Forderungen konfrontiert, die Sie nicht hinnehmen wollen, und ein Gespräch bringt Sie auch nicht weiter, so sollten Sie an einen Brief denken – auch wegen der Beweislage in einem möglichen Rechtsstreit. Beispiel Überstunden:

Eine einheitliche Regelung, wie Überstunden zu vergüten sind, gibt es nicht. Das Bundesarbeitsgericht hat lediglich entschieden: Solange sie sich abfeiern lassen, besteht kein Rechtsanspruch auf Vergütung (Az: 4 AZR 445/93). Häufig werden sie zwischendurch abgebummelt, mindestens genauso häufig fällt die Vergütung völlig unter den Tisch. Betroffene sollten wissen: Überstunden müssen Sie gesondert zur normalen Arbeitszeit festhalten. Will Sie beispielsweise der Arbeitgeber generell zu Überstunden verpflichten, sollten Sie die zusätzliche Bezahlung in Form von Zuschlägen schon im Arbeitsvertrag verlangen. Ansonsten kann es Ihnen passieren, dass der Arbeitgeber erst ab der 49. Wochenstunde 25 Prozent Zuschlag auf den Stundenlohn zahlt. Zu mehr ist er gesetzlich nicht verpflichtet (siehe Musterbrief 27).

Musterbrief 27: Überstundenbezahlung

Überstundenbezahlung

Sehr geehrte Damen und Herren der Personalabteilung,

im Monat ... dieses Jahres habe ich insgesamt ... Überstunden geleistet (siehe Auflistung in der Anlage). Auch für die nächste Zeit rechnet mein unmittelbarer Vorgesetzter nicht mit einer Verminderung der Mehrarbeit. Dadurch kann ich Überstunden praktisch nicht „abbummeln".
Da ich die betrieblichen Belange sehr wohl sehe, aber bislang keine für beide Seiten verträgliche Lösung kenne, schlage ich daher vor, ab sofort entweder jede Überstunde

mit ... Prozent Zuschlag zu vergüten oder ein Zeitkonto einzurichten, das es mir ohne Rücksicht auf betriebliche Belange gestattet, alle drei Monate entsprechend freie Tage hintereinander bei vollem Lohn zu nehmen.
Die Regelung sollte als Nachtrag zum Arbeitsvertrag festgeschrieben werden. Ich persönlich würde die finanzielle Vergütung bevorzugen, da der Arbeitsablauf weniger ins Stocken gerät. Bitte geben Sie mir bis zum (Datum) Bescheid.

Mit freundlichen Grüßen

Allerdings kann es passieren, dass die Firma weiterhin weder einen Zuschlag bezahlt noch Sie Überstunden abbummeln lässt. Dann haben Sie ein großes Problem, das sich eventuell lösen lässt, wenn Sie auf eine Gehaltserhöhung drängen oder einen anderen Arbeitsplatz in Erwägung ziehen.

Häufig werden Arbeitnehmer im Vertrag verpflichtet, bei Bedarf eine andere zumutbare Arbeit zu übernehmen. Die Vergütung darf dadurch nicht schlechter werden. Wer sich von vornherein vor Überraschungen schützen will, sollte im Vertrag einen späteren, ungewollten Ortswechsel ausschließen. Bestehen Sie auf einer eindeutigen Tätigkeitsbeschreibung und lassen Sie Arbeitsort und Betriebsteil klar festschreiben. Nur so können Sie jedes spätere Ansinnen Ihres Arbeitgebers in dieser Richtung zurückweisen.

Ihr Chef darf Sie nicht so ohne weiteres auf einen anderen Arbeitsplatz versetzen.

Durch die Weisungsbefugnis des Chefs hat er allerdings einen so genannten einseitigen Änderungsvorbehalt zum Arbeitsvertrag, wenn auch nur eingeschränkt. In jedem Falle muss die neue Aufgabe gleichwertig und zumutbar sein. Allerdings kommt es durch Rationalisierung oder veränderte Auftragslage häufig zu einer Änderungskündigung. Das bedeutet: Das bestehende Arbeitsverhältnis wird ordnungsgemäß gekündigt; zugleich macht der Chef das Angebot, die Tätigkeit zu neuen Vertragsbedingungen – meist schlechteren – fortzusetzen. Je nachdem, wie zumutbar dies für Sie ist, sollten Sie so clever antworten, dass auch im Falle Ihrer Ablehnung des neuen Angebots die Kündigung nicht einfach wirksam werden kann. Der entscheidende Satz in Ihrem Brief könnte lauten: „Ich nehme dieses Angebot unter dem Vorbehalt an, dass die Änderung der Arbeitsbedingungen nicht sozial ungerechtfertigt ist.

Letzteres werde ich notfalls vom Arbeitsgericht feststellen lassen." Betriebsrat oder Gewerkschaft raten häufig zur Klage wegen sozialer Ungerechtigkeit.

Abmahnung ernst nehmen

Eine Abmahnung ist die Vorstufe zur Kündigung – legen Sie unbedingt Widerspruch ein, falls die Abmahnungsgründe nicht haltbar sind.

Gründe für Abmahnungen, die mündlich wie schriftlich erfolgen können, gibt es viele; die Konsequenz wiegt schwer: Denn die „Verwarnung" wegen Verstoßes gegen Verhaltens- und Leistungspflichten und damit gegen den Arbeitsvertrag signalisiert dem Angestellten, dass im Wiederholungsfall das Arbeitsverhältnis gefährdet ist.

Jedoch nicht jede Abmahnung ist gültig. So müssen Betroffene tatsächlich Kenntnis davon nehmen, müssen konkrete Mängel ebenso genannt werden wie arbeitsrechtliche Konsequenzen im Wiederholungsfall. Wer sich ungerecht behandelt fühlt, sollte der Abmahnung widersprechen – möglichst innerhalb von drei Wochen (siehe Musterbrief 28).

Musterbrief 28: Widerspruch gegen eine Abmahnung

Abmahnung vom (Datum)

Sehr geehrte Damen und Herren,

mit Schreiben vom (Datum) haben Sie mir eine Abmahnung ausgesprochen.
Ich widerspreche der Abmahnung, da die Gründe nicht stichhaltig und keinerlei konkrete Arbeitsmängel mit Ort und Zeit genannt sind.
Zudem haben Sie mich nicht auf arbeitsrechtliche Konsequenzen einer Abmahnung aufmerksam gemacht.
Da die Abmahnung unberechtigt ist, gehe ich davon aus, dass Sie zurückgenommen und aus der Personalakte entfernt wird.

Mit freundlichen Grüßen

Spätestens nach vier Wochen ist die Abmahnung nach aktueller Rechtsprechung gültig. Führt der Widerspruch zum Ziel, muss der Chef sie zurücknehmen und darf sie keinesfalls in der Personalakte lassen.

Glücklicherweise verjähren Abmahnungen; die Frist steht oft in der Betriebsordnung. Fehlt der Hinweis darauf, gilt als Faustregel: Leichtes Fehlverhalten ist nach einem Jahr „abgegolten“, mittelschweres nach zwei und schwer wiegendes Fehlverhalten nach drei Jahren. Gerechnet wird ab dem Tag der Abmahnung; allerdings nur wenn zwischendurch keine weiteren Rügen hinzukommen.

Kündigung: So wehren Sie sich

Wichtig: Es gibt für Arbeiter und Angestellte eine einheitliche Kündigungsfrist von vier Wochen. Je nach Betriebszugehörigkeit verlängert sich die Frist, wenn der Arbeitgeber Ihnen kündigen will, auf maximal sieben Monate zum Monatsende nach 20 Jahren Zugehörigkeit zur Firma. Allerdings dürfen kleinere Firmen mit bis zu fünf Angestellten generell schneller kündigen, vielfach innerhalb von 14 Tagen.

In kleinen Firmen (bis zu fünf Angestellte) gilt das Kündigungsschutzgesetz nicht.

Aus den unterschiedlichsten Gründen kann der Arbeitgeber Ihnen kündigen, etwa aus betrieblichen Gründen, wegen Ihres Verhaltens am Arbeitsplatz oder aus persönlichen Gründen (beispielsweise Krankheit). Sind Sie damit nicht einverstanden, tut Eile Not, denn es bleiben ab Zugang der Kündigung nur drei Wochen Zeit, um dagegen zu klagen (siehe Musterbrief 29). Ansonsten ist der Rauswurf rechtswirksam.

Musterbrief 29: Kündigungsschutzklage

Kündigungsschutzklage gemäß § 4 KSchG

des (Name und Adresse des Arbeitnehmers)
gegen
Firma (Name und Adresse des Betriebs)

mit dem Antrag festzustellen, dass das Arbeitsverhältnis nicht durch Kündigung vom (Datum) zum (Datum) aufgelöst ist.
Begründung: Es liegt kein wichtiger Kündigungsgrund vor, zudem ist die Kündigung sozial ungerechtfertigt.

Mit freundlichen Grüßen

Denken Sie daran, dass eine Kündigungsschutzklage innerhalb von drei Wochen nach der Kündigung gestellt werden muss.

Übrigens: Niemand darf Sie vertraglich dazu verpflichten, bei einer Entlassung auf eine Klage zu verzichten. Entsprechende Klauseln in Arbeitsverträgen sind nichtig, urteilte das Bundesarbeitsgericht (Az: 7 AZR 156/96). Besteht ein Betriebsrat in der Firma, können Sie innerhalb einer Woche gegen die Kündigung Einspruch erheben. Wurde der Betriebsrat vorher gar nicht gefragt, ist die Kündigung sowieso unwirksam.

Achtung: Der Einspruch ist nicht Voraussetzung, um gegen die Kündigung zu klagen. Im Gegenteil: Die Kündigung ist nach drei Wochen wirksam, wenn keine Kündigungsschutzklage eingereicht wird.

Besteht kein Betriebsrat oder Sie haben sich rechtskundig gemacht und dabei Hinweise auf eine rechtsunwirksame Kündigung gefunden, sollten Sie dem Arbeitgeber unverzüglich widersprechen – auch ohne Klage. Dies stärkt bei Eskalation des Streits Ihre Position. Kreuzen Sie einfach die von Fachleuten als unwirksam eingestuften Punkte (immer schriftlich vom Anwalt geben lassen!) an und schicken dies per Post an Ihren Chef (siehe Musterbrief 30).

Musterbrief 30: Widerspruch gegen rechtsunwirksame Kündigung

Widerspruch gegen rechtsunwirksame Kündigung

Sehr geehrte Damen und Herren der Personalabteilung,

ich widerspreche Ihrer Kündigung vom (Datum) zum (Datum).
Die Kündigung ist rechtsunwirksam, weil

- sie sozial ungerechtfertigt ist (§ 1 KSchG),
- der Betriebsrat nicht gehört wurde (§ 102 BetriebsverfG),
- ich schwanger bin (§ 9 MutterschutzG),
- sie im Mutterschutzurlaub erfolgt ist (§ 9a MutterschutzG),
- ich zum Wehrdienst einberufen bin (§ 2 ArbeitsplatzschutzG),
- ich schwerbehindert bin und die Hauptfürsorgestelle der Kündigung nicht zugestimmt hat (§ 12 SchwerbehindertenG).

Mein Arbeitsverhältnis endet daher nicht wie von Ihnen festgelegt, sondern besteht zu unveränderten Bedingungen fort. Ich biete Ihnen hiermit ausdrücklich meine Arbeitskraft an.

Mit freundlichen Grüßen

Fallen bei Finanzgeschäften ausweichen

Wenn sich das Finanzamt geirrt hat

Der Gesetzgeber erwartet nicht von jedem Steuerzahler, dass er am Jahresende einen Kassensturz mit dem Finanzamt macht. Da Arbeitnehmer jeden Monat und meist nicht zu knapp zahlen müssen, ist das aus Sicht des Staates auch zu verstehen. Wer es aber darauf anlegt, bekommt in der Einkommensteuer-Veranlagung (früher: Lohnsteuer-Jahresausgleich) in der Regel einige Hunderter vom Fiskus zurück. Wer über 27 000 DM im Jahr zu versteuern hat (Ehepaare das Doppelte), für den ist die Einkommensteuer-Erklärung Pflicht, und zwar bis zum 31. Mai des Folgejahres für das Vorjahr.

Wer als Einzelperson mehr als 27 000 DM im Jahr versteuern muss, muss eine Einkommensteuer-Erklärung abgeben.

Über kurz oder lang setzt das Finanzamt Ihre Steuer endgültig fest und erteilt den Steuerbescheid. Der muss nicht unbedingt stimmen. Bei Unstimmigkeiten hilft Arbeitnehmern am ehesten ein Lohnsteuerhilfeverein (siehe Verbands-Adresse am Ende des Buches), Selbstständigen ein Steuerberater (siehe Verbands-Adresse am Ende des Buches). Für den Widerspruch bleibt Ihnen nach dem Empfang nur ein Monat Zeit – vom dritten Tag, nachdem der Fiskus ihn zur Post aufgegeben hat, gilt der Bescheid für die Finanzbeamten als empfangen (siehe Musterbrief 31).

Achtung: Mit Ihrem Einspruch können Sie auch eine Verschlechterung erreichen, sprich: Der Steuerbescheid kann auch zu Ihrem Nachteil geändert werden. Allerdings muss Ihnen die Behörde in diesem Fall Gelegenheit geben, sich zu äußern. Teilt Ihnen das Finanzamt unter Angabe der Sach- und Rechtsgründe mit, Ihr Einspruch führe zu einem für Sie ungünstigen Ergebnis, können Sie ihn zurückziehen. Tun Sie dies innerhalb der einmonatigen Rechtsbehelfsfrist, wird – zum Glück für Sie – der alte Steuerbescheid bestandskräftig.

Musterbrief 31: Einspruch gegen Steuerbescheid

Steuernummer ... / Einkommensteuerbescheid vom (Datum) / Einspruch

Sehr geehrte Damen und Herren,

gegen oben näher bezeichneten Steuerbescheid legen wir Einspruch ein.
Begründung: Sie haben folgende steuermindernde Umstände offenbar nicht berücksichtigt:
(Nennung der Umstände)
Bitte berechnen Sie die Höhe der Steuer neu. Gleichzeitig beantragen wir, die Vollziehung bis zum neuen Bescheid außer Vollzug zu setzen und auch die Finanzkasse darüber zu informieren.

Mit freundlichen Grüßen

Sie müssen die festgelegten Steuern entrichten, auch wenn Sie gegen die Höhe der Summe Einspruch eingelegt haben.

Vorsicht: Mit dem Einspruch sind Sie keineswegs aus dem Schneider; die strittige Summe muss trotzdem fristgemäß bezahlt werden. Ansonsten setzt es einen Säumniszuschlag vom Finanzamt (ein Prozent Zinsen für jeden angefangenen Monat). Wer den strittigen Betrag nicht zahlen will, sollte also gleich beantragen, die Vollziehung des Steuerbescheids auszusetzen.

Gibt das Finanzamt dem Einspruch schließlich Recht, erhalten Sie einen korrigierten Bescheid (Abhilfebescheid) und brauchen den ausgesetzten Betrag natürlich nicht bezahlen. Wird der Einspruch dagegen abgelehnt, wird der ausgesetzte Betrag fällig (zuzüglich 0,5 Prozent Zinsen für jeden angefangenen Monat Zahlungsaufschub). Gegen die Ablehnung des Einspruchs hilft dann nur noch, vor dem Finanzgericht zu klagen. Dazu sollte ein Lohnsteuerhilfeverein bzw. ein Steuerberater hinzugezogen werden.

Fehler bei Bankgeschäften

Bevor Sie sich für eine bestimmte Geldanlage entscheiden, sollten Sie sich vorher bei einer Bank beraten lassen und anschließend bei mehreren Banken Angebote einholen. Bei der Bank ist das Ersparte wesentlich sicherer als auf dem so genannten grauen Kapitalmarkt, vor allem bei den häufigen Pleiten dieser Firmen. Banken – ihnen gleichgestellt sind Kapitalanlagesellschaften für Investmentfonds und Bausparkassen – können bei einem Zusammenbruch für die Einlagen der Sparer voll haftbar gemacht werden (außer bei Inhaberschuldverschreibungen von Privatbanken).

Sparer sollten bedenken: Auch Banker machen Fehler, häufig bei der Beratung. Passiert dies bei der Geldanlage, hat der Kunde Anspruch auf Schadensersatz, so urteilte das Amtsgericht Frankfurt/Main (Az: 31 C 3752/94). Das Gericht schaffte den seltenen Nachweis, dass der Berater gegen seine Verpflichtung zu umfassender, wahrheitsgemäßer und sorgfältiger Beratung verstoßen hatte.

Gute Beratung ist in Geldanlagedingen für die Banken Pflicht.

Kommen Kreditinstitute bei Girokonten, Sparbüchern und Festzinssparen noch mit den Allgemeinen Geschäftsbedingungen aus, so gibt es für das Wertpapiersparen härtere Bandagen, egal, ob es sich um Pfandbrief, Obligation, Bundesanleihe oder Aktie handelt. Ein Prospekt ist Pflicht, in dem Chancen und Risiken für den Anleger beschrieben sind. Das gilt auch für die Discount-Banken. Für unrichtige, unvollständige oder gewollt irreführende Angaben muss die Bank voll haften. Allerdings ist dies kein Freibrief des Kunden für blindes Vertrauen: Denn Banken fragen Anleger vorher, mit welchem Risiko sie sparen wollen, und lassen sich das auch unterschreiben. Wer dennoch sein Geld verspekuliert, kann nicht sagen, die Bank hätte ihn besser über die Risiken aufklären müssen, urteilte der Bundesgerichtshof (Az: XI ZR 286/97).

Wenn Sie glauben, durch die Schuld des Kreditinstituts Geld verloren zu haben, wenden Sie sich an die örtliche Verbraucherzentrale oder an einen spezialisierten Anwalt (siehe Musterbrief 32).

Musterbrief 32: Schadensersatz für Geldverlust durch Falschberatung

Geldanlage vom (Datum) /
Schadensersatz für Geldverlust durch Falschberatung

Sehr geehrte Damen und Herren,

ich habe in Ihrem Hause in oben genannter Form Geld im Wert von … DM angelegt, nachdem mir Ihr Anlageberater (Name) diese Sparform empfohlen hatte.

Sowohl im Beratungsgespräch als auch im mir ausgehändigten Verkaufsprospekt wurde die hohe Sicherheit dieser Anlageform herausgestellt. Es wurde nicht darauf hingewiesen, dass dieses Maß an Sicherheit immer nur zu einem bestimmten Stichtag gilt und zwischendurch Kursschwankungen auftreten können, sodass die Anlage für die von mir gewünschte kurzfristige Geldanlage gar nicht geeignet ist.
Statt der erwarteten Gewinne habe ich seither Verluste in Höhe von … DM hinnehmen müssen. In einem vergleichbaren Fall verurteilte das Amtsgericht Frankfurt/Main die Bank auf Schadensersatz wegen Falschberatung (Az: 31 C 3752/94-44). Ich fordere Sie auf, den mir entstandenen Schaden zu ersetzen und den genannten Verlust zuzüglich vier Prozent Zinsen bis zum (Datum), also spätestens in drei Wochen, auf mein Konto …, BLZ … bei der …-Bank zu überweisen.
Sollten Sie meine Forderung ablehnen, behalte ich mir rechtliche Schritte vor.

Mit freundlichen Grüßen

Selbst wenn Ihre ec-Karte gestohlen wurde und der Dieb Geld von Ihrem Konto abhebt, erstattet die Bank unter Umständen Ihren Verlust.

Selbstbedienung ist für viele Banken und Sparkassen im Alltags-Geldverkehr zum Normalfall geworden. Nach Angaben der Stiftung Warentest ist die kostenpflichtige Gutschrift von Bundeswertpapieren zumindest bei Bundesschatzbriefen und Finanzierungsschätzen verboten. Erlaubt ist dagegen, für die Ausstellung eines Ersatz-Sparkassenbuches mindestens 15 DM zu kassieren, entschied der Bundesgerichtshof (Az: XI ZR 351/97).

Zugleich müssen Kunden höllisch aufpassen, um nicht auf Verlusten im Zahlungsverkehr sitzen zu bleiben. Beispiel: Verlust der ec-Karte. Wer seine Geheimzahl zusammen mit der Scheckkarte aufbewahrt hat, muss bei missbräuchlicher Verwendung durch Dritte die Verluste selbst tragen. Die Banken unterstellen automatisch grobe Fahrlässigkeit. Doch Richter akzeptieren diese einseitige Sicht nicht mehr: Das Landgericht Frankfurt/Main schloss nicht aus, dass der Kunde bei Eingabe der Geheimzahl am Bankautomaten bespitzelt wurde (Az: 2/1 S 154/95), das Amtsgericht Oschatz folgte einem Gutachter, der bewies, wie Computerhacker den PIN-Code entschlüsseln können (Az: Cs 253 Js 40126/95).

Wenn Sie also das Girokonto nach Verlust der Karte schnellstmöglich sperren lassen (telefonischer Sperrservice: 069/74 09 87), haben Sie gute Aussicht auf Erstattung des Schadens, der ab dem Zeitpunkt der Sperrung durch Plünderung Ihres Kontos entsteht (siehe Musterbrief 33).

Musterbrief 33: Haftung bei ec-Kartendiebstahl

Haftung bei ec-Kartendiebstahl

Sehr geehrte Damen und Herren,

mit Schreiben vom (Datum) lehnten Sie die volle Haftungsübernahme für den mir durch missbräuchliche Nutzung meiner ec-Karte entstandenen Schaden ab. Ich hatte jedoch bereits bei der Verlustmeldung darauf hingewiesen, dass ich die ec-Karte nicht zusammen mit der PIN-Zahl aufbewahrt habe und mir somit nicht die Verletzung meiner Sorgfaltspflicht unterstellt werden kann. Darüber hinaus geht die aktuelle Rechtsprechung davon aus, dass clevere Hacker die Geheimzahl mit relativ geringem Aufwand ermitteln können.
Ich fordere Sie hiermit auf, die Haftung in voller Höhe zu übernehmen und mir den Betrag in Höhe von … DM bis zum (Datum), also spätestens in drei Wochen, auf mein Ihnen bekanntes Konto zu überweisen.

Mit freundlichen Grüßen

Übrigens: Wer einen Verrechnungsscheck mit der Post schickt, setzt sich ebenfalls dem Verdacht grober Fahrlässigkeit aus, behaupten Banken. Der Bundesgerichtshof sieht dies anders und entschied: Selbst wer einen hohen Betrag per Verrechnungsscheck mit einfacher Post aufgibt, dem kann kein Vorwurf gemacht werden (Az: XI ZR 254/97). Stellen Sie dagegen fest, dass jemand unberechtigt oder in falscher Höhe Geld von Ihrem Konto abhebt, so sollten Sie dies umgehend bei der Bank reklamieren und der Lastschrift widersprechen (siehe Musterbrief 34).

Musterbrief 34: Widerspruch gegen falsche Lastschrift

Lastschrift (nähere Angaben) / Widerspruch

Sehr geehrte Damen und Herren,

mein Kontoauszug vom (Datum) enthält eine unberechtigte Lastschrift:
(Nennung näherer Angaben)
Hiermit widerspreche ich der Lastschrift und fordere Sie auf, den Betrag von … DM unverzüglich meinem Konto wieder gutzuschreiben und das Konto vom Wert her so zu stellen, als hätte es die Lastschrift nie gegeben.

Mit freundlichen Grüßen

Probleme mit Krediten

Überprüfen Sie Ihre Kreditkartenrechnung immer ganz genau!

Falsche Abbuchungen passieren nicht nur auf dem Girokonto, sondern auch auf Kreditkartenkonten. Sie sollten daher die Monatsabrechnungen kontrollieren und bei Unregelmäßigkeiten schnell reklamieren, am besten innerhalb von vier Wochen. Abgebuchten Beträgen, die Sie nicht unterschrieben haben, sollten Sie schriftlich widersprechen und innerhalb von 14 Tagen eine Korrektur fordern (siehe Musterbrief 35).

Musterbrief 35: Widerspruch Kreditkarten-Abrechnung

Kreditkartenvertrag ..... / Abrechnung vom ...

Sehr geehrte Damen und Herren,

hiermit widerspreche ich oben näher genannter Monatsabrechnung.
Abbuchungen, die ich nicht unterschrieben habe, erkenne ich grundsätzlich nicht an.
An einer Stelle scheint mir auch eine doppelte Abbuchung vorzuliegen (vom ... über ... DM).
Bitte korrigieren Sie die Abrechnung bis spätestens zum (Datum). Anderenfalls widerspreche ich der Lastschrift und zahle nur den unstrittigen Betrag von ... DM. Sollten sich die Probleme bei der Abrechnung häufen, werde ich die Einzugsermächtigung widerrufen und einen Anwalt konsultieren.

Mit freundlichen Grüßen

Übrigens: Das Landgericht Duisburg hat entschieden, dass die Bank sich bei der Prüfung, ob der Widerspruch gerechtfertigt ist, raushalten und allein die Weisung des Kontokunden befolgen muss (Az: 5 S 108/93).

Ein Konsumentenkredit ist in der Regel „billiger" als ein Dispositionskredit.

Wer Geld braucht und keine finanziellen Rücklagen hat, sucht einen Kredit. Zunächst kommt der Dispositionskredit in Betracht. In der Regel kann man sein Girokonto um zwei bis drei Monatseinkommen überziehen – allerdings verlangen die Banken für die Nutzung des Dispositionskredit saftige Zinsen. Wenn der Spielraum auf Ihrem Gehaltskonto nicht ausreicht oder Ihnen die Zinsen zu hoch sind, empfiehlt sich ein meist günstigerer Ratenkredit. Den klassischen Konsumentenkredit bieten Banken für Summen zwischen 2 000 und 50 000 DM, zurückzuzahlen in festen Monatsraten zwischen ein und sechs Jahren. Eine entsprechende Anfrage können Sie an jede Bank richten (siehe Musterbrief 36).

Musterbrief 36: Anfrage Konsumentenkredit

Anfrage für einen Konsumentenkredit

Sehr geehrte Damen und Herren,

mein Name ist ..., von Beruf ..., Familienstand ..., ... Kinder. Ich habe demnächst folgende größere Anschaffung vor:
(Bezeichnung der Anschaffung)
Da ich den Kaufpreis von etwa ... DM nicht aus eigenen Mitteln bestreiten möchte, ziehe ich eine Finanzierung in Betracht. Bitte unterbreiten Sie mir ein Angebot über den Betrag von ... DM, Laufzeit ... Monate. Mich interessiert nicht nur die Monatsrate, sondern auch der effektive Jahreszins und gegebenenfalls alle dort nicht ausgewiesenen Nebenkosten.
Für meine Planung wäre es hilfreich, Ihr Angebot bis zum (Datum) in Händen zu haben.

Mit freundlichen Grüßen

Rechnen Sie genau durch, ob es sich lohnt, Ihren alten Kredit zu kündigen.

Wer die Chance wittert, einen teuren Kredit durch einen billigeren abzulösen, kann den alten Vertrag kündigen: Dies ist bei Verbraucherkrediten mit festem Zins frühestens sechs Monate nach der Auszahlung möglich. Die Kündigungsfrist beträgt dann drei Monate. Wichtig: Die gesamte Schuld muss spätestens zwei Wochen nach Ablauf der Kündigungsfrist zurückgezahlt sein. Verpassen Sie dieses Datum, gilt die Kündigung laut Verbraucherkreditgesetz als nicht erfolgt.
Bauherren wissen: Ohne ein Hypothekendarlehen funktioniert die Hausfinanzierung nicht. In aller Regel läuft ein solcher Kredit knapp 30 Jahre. Für diese lange Zeit lässt sich aber keine Bank auf eine durchgängige Zinsbindung ein. Üblich sind fünf oder zehn Jahre zu festen Zinsen; danach werden die Konditionen neu festgelegt. Bezüglich der so genannten Anschlussfinanzierung sollten Sie rechtzeitig nachfragen, denn die meisten Banken legen erst wenige Wochen vor dem Termin das neue Angebot auf den Tisch und die Kündigungsfrist ist zumeist auch sehr kurz (wenigstens vier Wochen

zum Ende der Zinsbindung hält der Bundesgerichtshof für angemessen). Dann ist es aber meist zu spät, die Bank mit gutem Gewissen zu wechseln. Finden Sie dennoch etwas Besseres – am besten schon zwei Monate vor Ablauf der Zinsbindungsfrist die Konditionen für eine Anschlussfinanzierung erfragen –, kündigen Sie den alten Vertrag fristgemäß (siehe Musterbrief 37).

Musterbrief 37: Kündigung Hypothekendarlehen zum Ende der Zinsbindungsfrist

Baudarlehen (nähere Bezeichnung) / Fristgemäße Kündigung zum (Datum)

Sehr geehrte Damen und Herren,

für oben näher genanntes Baudarlehen endet am (Datum) die Zinsbindungsfrist.
Ich kündige den Vertrag fristgemäß, da Sie mir kein überzeugendes Angebot für die Anschlussfinanzierung geliefert haben.
Bitte machen Sie die Endabrechnung und stellen den Restbetrag frühestens zum Vertragsende fällig. Bearbeitungs- oder sonstige Gebühren werde ich nicht akzeptieren.

Mit freundlichen Grüßen

Wenn Sie einen Kredit kündigen, achten Sie darauf, einen neuen Kredit bereits abgeschlossen zu haben.

Achtung: Wer kündigt, sollte schon die Darlehenszusage der neuen Bank in der Tasche haben, da die Restschuld am Tag nach Auslaufen des alten Vertrages auf einen Schlag fällig wird.

Schwierig wird es auch, wenn Sie bei einem Hypothekendarlehen zwischendurch mehr Geld zurückzahlen wollen als vertraglich vereinbart. Solche Sondertilgung kostet Strafgebühren, auch Vorfälligkeitsentschädigung genannt. Dabei bedienen sich die Banken meist großzügig. Der Bundesgerichtshof gestattet den Banken nur, entgangenen Gewinn zu berechnen und gibt dazu die Berechnungsmethoden vor (Az: XI ZR 267/96 und Az: XI ZR 197/96). Verlangt die Bank mehr, können Sie den Differenzbetrag zurückfordern (siehe Musterbrief 38).

Als für beide Seiten fairste Methode, diesen Betrag zu berechnen, sieht der Bundesgerichtshof den Weg, die vorzeitig geleisteten Zahlungen mit dem Zinssatz abzuzinsen, den die Bank für Wertpapiere der entsprechenden Restlaufzeit des Kredits erzielen kann.

Musterbrief 38: Widerspruch zur Höhe der Vorfälligkeitsentschädigung

Hypothekendarlehen (nähere Angaben) / Vorfälligkeitsentschädigung

Sehr geehrte Damen und Herren,

bei der vorzeitigen Ablösung bzw. Sondertilgung vom (Datum) in Höhe von ... DM meines oben näher bezeichneten Hypothekendarlehens stellten Sie mir eine Vorfälligkeitsentschädigung in Höhe von ... DM in Rechnung. Eine Prüfung durch (Name und ggf. Berufsbezeichnung des Prüfers) ergab, dass Sie entsprechend der Vorgaben des Bundesgerichtshofes (Az: XI ZR 267/96 und 197/96) maximal ... DM hätten verlangen dürfen.
Ich fordere Sie hiermit auf, die Vorfälligkeitsentschädigung entsprechend den BGH-Urteilen neu zu berechnen und mir den Differenzbetrag bis spätestens (Datum) auf mein bekanntes Konto zurückzuerstatten. In diesem Zusammenhang verweise ich auf ein Urteil des OLG München, das eine Bank zum Schadensersatz verurteilt hat, weil sie sich bei der Gebührenberechnung nicht an die Vorgaben des BGH gehalten hatte (Az: 31 U 6090/96).
Sollten Sie meinen Forderungen nicht nachkommen, behalte ich mir gerichtliche Schritte vor.

Mit freundlichen Grüßen

Ärger mit Versicherungen

Die Versicherungsbeiträge variieren von Versicherer zu Versicherer zum Teil enorm.

Wer einen Versicherungsvertrag abschließen will, sollte sich vorher über Leistungen und Preise unabhängig informieren (Verbraucherzentrale, Stiftung Warentest, Wirtschaftsmagazine) und dann bei günstigen Anbietern Angebote einholen. Haben Sie den optimalen Versicherer gefunden, müssen Sie zunächst einen schriftlichen Antrag stellen. Bis 14 Tage, nachdem Sie den Versicherungsantrag unterschrieben haben, können Sie ihn ohne Begründung widerrufen (siehe Musterbrief 39). So kommt ein Versicherungsvertrag erst gar nicht zustande. Das gilt in allen Sparten und bei allen Verträgen über mehr als ein Jahr Laufzeit.

Musterbrief 39: Widerruf Versicherungsantrag

Versicherungsnummer … / Widerruf

Sehr geehrte Damen und Herren,

am (Datum) habe ich bei dem Vermittler (Name) eine …-Versicherung abgeschlossen (siehe Kopie des Antrages).
Hiermit widerrufe ich den Antrag gemäß § 8 Absatz 4 Versicherungsvertragsgesetz.
Bitte bestätigen Sie mir die Wirksamkeit des Widerrufs umgehend schriftlich.

Mit freundlichen Grüßen

Die Kündigung einer Versicherung ist nicht so schwierig, wie viele denken.

Wer seine Versicherung später beenden will, muss den Vertrag kündigen. Das ist zum Ablauf des Vertrages möglich (ordentliche Kündigung) oder unter Umständen auch vorher (außerordentliche Kündigung). Kündigen kann man nur schriftlich innerhalb bestimmter Fristen und mit eigenhändiger Unterschrift. Etwa so: „Hiermit kündige ich oben genannten Versicherungsvertrag fristgemäß zum Ende des Versicherungsjahres, also zum (Datum). Schicken Sie mir bitte eine Schlussabrechnung."

Wie gut eine Versicherung wirklich ist, zeigt sich im Schadensfall. Dann sollten Sie darauf bedacht sein, nichts falsch zu machen; sonst steht womöglich die Entschädigung auf dem Spiel. Gerade bei Personenschäden darf man sich überhaupt keinen Formfehler leisten und muss jeden Schaden sofort schriftlich, vollständig und ehrlich an die Versicherungsgesellschaft melden. Natürlich müssen Sie alles tun, um den Schaden so gering wie möglich zu halten (§ 254 BGB), bei den Ermittlungen kooperativ sein (Auskunfts- und Belegpflicht), dürfen keine Ansprüche des Geschädigten ohne Zustimmung Ihrer Versicherungsgesellschaft anerkennen und müssen Diebstahl, Raub, Brand, Blitzschlag und Explosion zusätzlich bei der Polizei anzeigen.

Achten Sie im Schadensfall auf das Kleingedruckte im Vertrag.

Auch wenn er alles richtig gemacht hat, erhält längst nicht jeder gutwillige Kunde 14 Tage nach Abschluss der Ermittlungen sein Geld. Sind die Ermittlungen einen Monat nach der Schadensmeldung noch nicht abgeschlossen, hat der Kunde Anspruch auf einen angemessenen Vorschuss, den er allerdings verlangen muss.

Naturgemäß sind Personenschäden für die Versicherer am teuersten. Besonders häufig streiten Versicherung und Versicherter bei Unfall- und Berufsunfähigkeitsversicherungen, ebenso bei Schmerzensgeldforderungen aus dem Haftpflichtbereich. Deshalb gilt: Bei solchen Schäden sowie bei jedem Autounfall sollten Sie sofort einen Rechtsanwalt hinzuziehen, der sich mit Problemen im Versicherungsbereich gut auskennt.

Hat es den Anschein, dass die Versicherung offenbar gar nicht zahlen will, muss sie die volle oder teilweise Ablehnung schriftlich mitteilen. Hat der Kunde die Entscheidung in Händen, bleiben ihm sechs Monate Zeit, die Versicherungsleistung vor Gericht einzuklagen.

Selbst bei berechtigen Ansprüchen zahlen manche Versicherungen im Schadensfall nur zögerlich.

Wer meint, von seiner Versicherung zu Unrecht keine oder zu wenig Entschädigung bekommen zu haben, sollte Widerspruch einlegen und sich beim Versicherer beschweren (siehe Musterbrief 40 auf der nächsten Seite).

Musterbrief 40: Widerspruch Schadensregulierung

Schadensnummer ... / Regulierung vom (Datum)

Sehr geehrte Damen und Herren,

hiermit widerspreche ich der Regulierung des oben genannten Schadens. Die Entschädigung liegt deutlich unter dem Betrag, der laut Vertrag fällig wäre. Eine Begründung dafür haben Sie nicht geliefert, eine Prüfung vor Ort nicht vorgenommen.
Bitte klären Sie die Diskrepanz auf und überweisen den Restbetrag in Höhe von etwa ... DM bis spätestens (Datum) auf mein Ihnen bekanntes Konto.
Sollte ich bis Ablauf dieser Frist nichts von Ihnen hören, werde ich mich an das Bundesaufsichtsamt für das Versicherungswesen wenden.

Mit freundlichen Grüßen

Das Bundesaufsichtsamt für das Versicherungswesen ist für Beschwerden über Versicherungen zuständig.

Bringt das nichts, empfiehlt sich eine Beschwerde beim Bundesaufsichtsamt für das Versicherungswesen (BAV; Adresse am Ende des Buches). Der Wortlaut könnte sinngemäß lauten: „Mit der Regulierung gab es von Beginn an nur Ärger (siehe Kopien der Korrespondenz). Ich meine, die Entschädigung liegt deutlich unter dem Betrag, der laut Vertrag fällig wäre. Ich bitte Sie, die Angelegenheit zu prüfen, so weit das rechtlich möglich ist." Immerhin gehen jährlich über 20 000 Beschwerden beim BAV ein, die zu rund zehn Prozent auf dem Wege der Kulanz zugunsten der Versicherten geklärt werden. Bleibt auch dies ohne Erfolg, hilft nur noch eine Klage. Vorher sollten Sie aber anwaltlichen Rat einholen (preiswert in der Verbraucherzentrale).

Streit gibt es zum Beispiel häufig, wenn Opfer eines unverschuldeten Verkehrsunfalls gewisse Zeit auf ihr reparaturbedürftiges Auto verzichten müssen. Dann besteht Anspruch auf einen gleichwertigen Mietwagen oder bei Mietwagen-Verzicht auf Entschädigung für den Nutzungsausfall des eigenen Autos, falls es durch den Unfall wirklich beschädigt wurde und nun zeitweise nicht gefahren werden kann. Dafür zahlt die Kfz-Haftpflichtversicherung des Verursachers pro Ausfalltag zwischen 50 DM (Kleinwagen) und 190 DM für eine Nobelkarosse. Allerdings will mancher Versicherer diese Beträge kürzen, etwa wenn der Fahrzeughalter im Krankenhaus liegt und gar nicht fahren könnte. Doch das Oberlandesgericht Hamm entschied: „Die Gewährleistung der Entschädigung setzt Nutzungswillen voraus, wobei es ausreicht, wenn ein Angehöriger den Nutzungswillen hatte (Az: 6 U 144/95)." Es lohnt also oft, sich Abstriche bei der Nutzungsausfallentschädigung nicht gefallen zu lassen (siehe Musterbrief 41).

Musterbrief 41: Ablehnung Nutzungsausfallentschädigung nach unverschuldetem Autounfall

Schadensnummer ... / Ablehnung Nutzungsausfallentschädigung

Sehr geehrte Damen und Herren,

im Zusammenhang mit obigem Kfz-Haftpflichtschaden verweigern Sie die Zahlung der Nutzungsausfallentschädigung. Sie begründen dies damit, dass ich während der Reparaturdauer im Krankenhaus gelegen habe und das Auto ohnehin nicht hätte nutzen können. Dieser Auffassung widerspreche ich entschieden.
Entsprechend dem Urteil des OLG Hamm (Az: 6 U 144/95) ist der Anspruch auf Nutzungsausfallentschädigung nicht nur an den Fahrzeughalter geknüpft. Sobald das Auto in der Regel auch von einem Angehörigen – in meinem Fall von (Name und Verwandtschaftsgrad des Angehörigen) – genutzt wird, reicht das zur Anspruchsbegründung aus.
Ich fordere Sie hiermit auf, die mir zustehende Nutzungsausfallentschädigung in voller Höhe zu erstatten und den Betrag bis (Datum), also spätestens in drei Wochen nach Absendung dieses Briefes, auf mein Ihnen bekanntes Konto zu überweisen.
Sollte ich bis Ablauf dieser Frist nichts von Ihnen hören, behalte ich mir gerichtliche Schritte vor.

Mit freundlichen Grüßen

Stress auf Reisen

Urlaubszeit, schönste Zeit, sagt der Volksmund. Mitunter arten die Ferien jedoch in Stress aus, vor allem dann, wenn man sich auf die Organisation eines Pauschalreiseveranstalters verlassen hat und der seine Versprechen nicht voll erfüllt. Grundsätzlich billigt das Reisevertragsgesetz jedem Kunden zu, Abhilfe zu verlangen, den Vertrag zu kündigen oder die Reise vorzeitig abzubrechen und unabhängig von diesen Rechten auch Schadensersatz zu verlangen.

Leistungsänderung vor Reisebeginn

Der Ärger kann schon vor Reisebeginn losgehen, etwa wenn in letzter Minute Abstriche an der gebuchten Leistung gemacht werden oder der Trip gar ausfallen muss. Fällt die Reise aus Gründen, die beim Veranstalter liegen, ins Wasser, können Sie Ihr Geld zurückverlangen, aber laut Kleingedrucktem der meisten Anbieter keinen Schadensersatz bekommen. Müssen Sie dagegen selbst von der Buchung zurücktreten, so bleibt nur die schnellstmögliche Kündigung. Die bleibt finanziell jedoch nur ohne Folgen teurer Stornierungsgebühr, wenn ein offensichtlicher Mangel vorliegt, Sie eine entsprechende Reiserücktrittskostenversicherung abgeschlossen hatten (für Fälle von schwerer Krankheit, Unfall, Impfunverträglichkeit, Schwangerschaft, Tod naher Angehöriger, Wohnungseinbruch), höhere Gewalt im Spiel ist (Bürgerkrieg, Naturkatastrophe) oder der Veranstalter wenige Tage vor dem Start den Reisepreis erhöht, obwohl er vier Monate Preisgarantie ab Buchungstag gewähren muss.

Für den Fall, dass Sie von einer Reise zurücktreten müssen, empfiehlt sich eine Reiserücktrittskostenversicherung.

Macht der Veranstalter vorher kurzfristig Änderungen bekannt oder weist auf Mängel hin, so sollten Sie es ihm schriftlich geben, dass die Reise unter Vorbehalt angetreten wird. Dann behalten Sie alle Trümpfe für eine Reklamation in der Hand.

Mängel am Urlaubsort

Wer während des Pauschalurlaubs Grund zum Klagen hat, muss die Mängel sofort an Ort und Stelle beim Reiseleiter anzeigen. Der ist zu schneller Abhilfe verpflichtet, notfalls informieren Sie den Veranstalter in Deutschland vom Urlaubsort aus. Machen Sie aus Beweisgründen die Mängelanzeige schriftlich und lassen sie vom Reiseleiter unterschreiben. Der wird den Mangel womöglich nicht bestätigen wollen, aber zumindest Ihr Schreiben zur Kenntnis nehmen (siehe Musterbrief 42).

Wenn Sie an Leistungen des Reiseveranstalters etwas auszusetzen haben, müssen Sie das dem Reiseleiter mitteilen.

Musterbrief 42: Mängelanzeige am Urlaubsort

Mängelanzeige Buchungsnummer ...

Sehr geehrte Damen und Herren,

wie soeben schon vor Ort besprochen, zeige ich Ihnen folgende Mängel an:
(Nennung der Mängel)
Dies beeinträchtigt die Erholung doch ganz erheblich. Daher bitte ich um sofortige Abhilfe.

Mit freundlichen Grüßen
(Name des Urlaubers)

Zur Kenntnis genommen am (Datum)
(Unterschrift Reiseleiter)

Werden die Probleme gelöst, können Sie sich entspannen. Wenn nicht, haben Sie drei Möglichkeiten: den Mangel tapfer bis zum Urlaubsende zu ertragen und hinterher Ansprüche geltend zu machen, die Reise abzubrechen und auf Kosten des Veranstalters heimzureisen oder in sehr schlimmen Fällen zur Selbsthilfe zu greifen, also beispielsweise in ein anderes Hotel umzuziehen und die Mehrkosten hinterher zurückzufordern. Tipp: Da alle drei Wege darauf hinauslaufen, dass Sie Geld zurück wollen, lohnt es, eifrig Zeugenaussagen zu sammeln, Mängel zu fotografieren oder zu filmen, Belege für Mehrkosten aufzuheben, gesundheitliche Beeinträchtigungen durch verdorbenes Essen vom Arzt bestätigen zu lassen. Das steigert die Erfolgsaussichten vor Gericht. Aber aufge-

Die Reiseleitung muss die Möglichkeit erhalten, die Mängel abzustellen.

passt: Wird Ihnen bei der Ankunft ein anderes Hotel als das gebuchte als Ersatz gestellt, so müssen Sie dies bei etwa gleichem Standard am selben Strandabschnitt akzeptieren, entschied das Landgericht Kleve (Az: 6 S 86/95). Eine Entfernung von 25 Kilometern zwischen gebuchtem Hotel und Ausweichunterkunft ist jedoch zu weit und rechtfertigt eine Kündigung samt Rückzahlung des Reisepreises, urteilte das Landgericht Köln (Az: 3 O 27/96).

Nach dem Urlaub Schadensersatz verlangen

Auch nach dem Urlaub können Sie noch Schadensersatz einfordern.

Wurde vor Ort keine Abhilfe der Reisemängel geschaffen, wurden Ihre Beschwerden vielleicht sogar ignoriert, können Sie sich innerhalb eines Monats nach Reiseende schriftlich beim Veranstalter beschweren. Je nach Situation verlangen Sie entweder die Mehrkosten zurück, die durch Ihre Selbsthilfe (zum Beispiel durch einen Umzug in ein anderes Hotel) entstanden sind, oder eine nachträgliche Minderung des Reisepreises (siehe Musterbrief 43).

Musterbrief 43: Nachträgliche Minderung des Preises wegen Reisemängeln

Buchungsnummer ... / Mängelanzeige vom (Datum)

Sehr geehrte Damen und Herren,

meiner Aufforderung vom (Datum), bei folgenden reklamierten Mängeln Abhilfe zu schaffen, sind Sie während der Reise nicht nachgekommen:
(Aufzählung der Mängel)
Da die Mängel meine Erholung maßgeblich beeinträchtigten, verlange ich eine Minderung des Reisepreises um ... Prozent. Der Nachlass orientiert sich an den Sätzen der Frankfurter Tabelle und schlüsselt sich wie folgt auf:
(Aufschlüsselung der Minderungsgründe)
Hinzu kommen folgende Mehrkosten, die durch meine eigenen Abhilfeversuche entstanden sind:
(Aufzählung der Mehrkosten)
Bitte überweisen Sie den Betrag von ... DM bis spätestens (Datum) auf mein Konto ..., BLZ ..., bei der ...-Bank. Nach dieser Frist werde ich gerichtliche Hilfe in Anspruch nehmen.

Mit freundlichen Grüßen

Zudem können Sie in bestimmten Fällen zusätzlich noch Schadensersatz verlangen, etwa wegen nutzlos aufgewendeter Urlaubszeit. Am Tag der Rückkehr von der Reise beginnt eine sechsmonatige Verjährungsfrist. Wer bis dahin kein Geld zurück oder wenigstens geklagt hat, geht endgültig leer aus. Haben Sie dem Veranstalter innerhalb eines Monats nach Reiseende die Rechnung aufgemacht, wird die 6-Monats-Uhr für die Verjährung angehalten, bis der Veranstalter auf Ihre Forderung reagiert. Dann tickt die Verjährungsuhr weiter. Hat der Veranstalter Ihre Ansprüche ganz oder teilweise zurückgewiesen, sollten Sie schnellstens die Verbraucherzentrale aufsuchen.

Konkurs des Veranstalters vor Urlaubsende

Bestehen Sie vor Antritt der Reise darauf, einen Sicherungsschein zu erhalten.

Veranstalter von Pauschalreisen müssen sich seit Ende 1994 gegen Konkurs absichern; viele tun es aber nicht. Damit kann es passieren, dass Urlauber im Falle einer Veranstalterpleite Anzahlungen (bei Ausfall der Reise) oder Kosten für die Rückreise nach Deutschland (wenn der Veranstalter zahlungsunfähig ist) nicht mehr vom Veranstalter zurückerhalten. Sie sollten nur solche Buchungen unterschreiben, bei denen Sie zusammen mit den Reiseunterlagen einen so genannten Sicherungsschein bekommen. Bevor Sie den nicht in der Hand halten, darf der Veranstalter höchstens zehn Prozent Anzahlung verlangen (maximal 500 DM). Spätestens bei der vollen Bezahlung vor Reiseantritt wird der Schein endgültig fällig. Falls der Veranstalter versprochene Leistungen wegen Zahlungsschwierigkeiten nicht oder nur teilweise erfüllen kann, springt dann – und nur dann – eine Versicherung ein.

Normalerweise vermitteln Reisebüros nur Angebote von Veranstaltern und haften nur für eigene Fehler. Hat das Reisebüro jedoch Anzahlungen verlangt und diese frühzeitig an den Veranstalter weitergereicht, ohne werthaltige Reisepapiere zu verlangen, und der Veranstalter geht dann in Konkurs, muss das Reisebüro gegenüber dem Kunden Schadensersatz leisten, so das Landgericht Traunstein (Az: 3 O 74/93). Sie können den Schadensersatzbrief in diesem Fall ans Reisebüro richten (siehe Musterbrief 44).

Musterbrief 44: Schadensersatz Konkurs des Veranstalters

Buchungsnummer … / Veranstalter-Konkurs / Schadensersatz

Sehr geehrte Damen und Herren,

obige Reise hatte ich am (Datum) bei Ihnen gebucht und … Prozent des Reisepreises angezahlt.
Zu keiner Zeit haben Sie mir gegenüber Bedenken zur Zahlungsfähigkeit des Veranstalters geäußert. Zudem ging ich davon aus, dass der Veranstalter seine gesetzlichen Auflagen erfüllt und alle Reiseleistungen im Falle des Konkurses abgesichert hat.
Wie ich noch vor Urlaubsende feststellen musste, ist der Veranstalter pleite und erbrachte folgende Leistungen nicht mehr:
(Nennung der nicht erbrachten Leistungen)
Da Sie als Reisebüro Ihre kaufmännische Sorgfaltspflicht offenbar vernachlässigt haben, verlange ich gemäß dem Urteil des Landgerichts Traunstein (Az: 3 O 74/93) neben einer Minderung des Reisepreises in Höhe der von mir vorgestreckten Leistungen von … DM (Rechnungen siehe Anlage) Schadensersatz für nutzlos aufgewendete Urlaubszeit in Höhe von … DM.
Bitte überweisen Sie den Gesamtbetrag bis (Datum), also spätestens drei Wochen nach Absendung dieses Briefes, auf mein Konto …, BLZ …, bei der …-Bank. Nach dieser Frist werde ich gerichtliche Hilfe in Anspruch nehmen.

Mit freundlichen Grüßen

Amtsschimmel in Behörden

Es gibt viele Gelegenheiten, mit Behörden in Berührung zu kommen. Falls Ihre Wünsche oder Anträge keinen Erfolg hatten oder Sie sich von einer Behörde zu Unrecht drangsaliert fühlen, sollten Sie die Spielregeln kennen. Ob per Telefon, Brief oder persönlich – die Behörden sind zur kostenlosen Auskunft verpflichtet. Wer individuelle Beratung wünscht, sollte das persönliche Gespräch suchen und sich dafür am besten telefonisch anmelden. Auch das ist alles kostenlos. Wichtig: Mit der Auskunft wird jedoch noch kein Verwaltungsakt ausgelöst. Die Mühlen fangen erst an zu mahlen, wenn Sie etwas beantragen. Dieser Antrag muss schriftlich vorliegen, entweder durch Ausfüllen eines der zahllosen Formulare oder formlos als ganz normaler Brief.

Anträge bei Behörden müssen immer schriftlich gestellt werden.

Ihre Rechte gegenüber Behörden

Auch Behörden dürfen sich nicht unbegrenzt Zeit bei der Bearbeitung von Anträgen lassen.

Nach einer angemessenen Frist muss Ihr Antrag bearbeitet sein, in einfacheren Fällen innerhalb eines Monats. Dann erhalten Sie schriftlichen Bescheid, der begründet sein muss. Beigefügt ist auch eine so genannte Rechtsmittelbelehrung: Die klärt darüber auf, wie Sie sich gegen den Bescheid wehren können.

Gegen den Bescheid können Sie Widerspruch einlegen, und zwar schriftlich und mit einer Begründung. Dazu haben Sie vier Wochen Zeit. Verstreicht diese Frist ungenutzt, wird der Bescheid rechtskräftig. Wichtig: Falls Sie Widerspruch einlegen, bleibt die getroffene Entscheidung der Behörde zunächst gültig. Nach angemessener Frist erhalten Sie schriftlich den Widerspruchsbescheid. Beigefügt ist wieder eine Rechtsmittelbelehrung. Dann hilft allerdings nur noch der Gang vors Gericht (Klage). Wer sich im Recht fühlt, kann gegen den Widerspruchsbescheid innerhalb von vier Wochen eine Klage vor dem zuständigen Gericht einreichen.

Wenn ein Gebührenbescheid ins Haus flattert

Gemeinden haben das Recht, Gebühren für kommunale Dienstleistungen wie Gas- und Stromversorgung festzusetzen. Obwohl das Kostendeckungsprinzip gilt, werden zum Teil deutlich unterschiedliche Gebühren für die gleiche Leistung an verschiedenen Orten erhoben, mitunter auch willkürlich wirkende Preissteigerungen verkündet. Wer einen Gebührenbescheid nicht akzeptiert, sollte vorsorglich Widerspruch einlegen. Außerdem hat er das Recht, Auskunft zu verlangen. Falls die Antwort für Sie zu mager ausfällt, können Sie Widerspruch einlegen (siehe Musterbrief 45).

Musterbrief 45: Widerspruch gegen Gebührenbescheid

Gebührenbescheid vom (Datum) zu (Gebührenursache) / Widerspruch

Sehr geehrte Damen und Herren,

gegen den obigen Gebührenbescheid zu den Kosten für die Abwasserentsorgung, der mir am (Datum) zugegangen ist, lege ich hiermit Widerspruch ein.
Gemäß Stadtordnung muss für die Berechnung der Abwasserentsorgungsgebühren das Kostendeckungsprinzip angewendet werden. Dies scheint mir bei einem Preis von ... DM pro Kubikmeter zweifelhaft, zumal in der Nachbargemeinde nur ... DM verlangt werden, obwohl das Abwasser ins gleiche Klärwerk fließt.
Ich bitte Sie daher um Überprüfung des Gebührenbescheids.

Mit freundlichen Grüßen

Auch die Medien können Ihnen bei der Durchsetzung Ihrer Rechte behilflich sein.

Es steht Ihnen kostenlose Akteneinsicht zu, jedoch nicht das Recht auf Einsicht in die Kalkulationsgrundlagen. Denn es gibt leider in Deutschland noch keine Pflicht der Kommunen, ihre Kosten- und Kalkulationsgrundlagen offen zu legen. Dazu müssten die Kommunalabgabengesetze der Länder geändert werden. Ein Blick in das betreffende Gesetz verrät zumindest, welche Rechte Bürger in der betreffenden Region derzeit haben. Falls das nichts fruchtet, hilft nur noch die Klage vor dem Verwaltungsgericht. Preiswerter Ausweg: Sie wenden sich an die Medien.

Umgang mit Polizei und Staatsanwalt

Ungerufen und doch im häufigen Kontakt mit den Ordnungshütern – wohl jeder Autofahrer hat eine leidvolle Erfahrung mit Knöllchen und Bußgeldbescheiden.

Wer sich unberechtigt bestraft fühlt, hat die Chance, gegen eine Verwarnung oder einen Bußgeldbescheid Einspruch zu erheben. Bei Verwarnungen gilt laut ADAC: Sie müssen innerhalb einer Woche bezahlt werden; später ist die Behörde nicht mehr zur Annahme verpflichtet. Ignorieren Sie die Verwarnung stillschweigend und bezahlen nicht, wird die Angelegenheit automatisch in ein Bußgeldverfahren umgewandelt. Lediglich der schnelle Einspruch gegen Verwarnungsgeld kann diesen folgenreicheren Schritt verhindern: schriftlich, mit Begründung und innerhalb von sieben Tagen (siehe Musterbrief 46).

Musterbrief 46: Einspruch gegen Verwarnungsgeld

Einspruch gegen Verwarnungsgeld

Sehr geehrte Damen und Herren,

am (Datum) klemmte bei der Rückkehr zu meinem Auto ein Strafzettel hinterm Scheibenwischer (siehe Kopie in der Anlage). Wegen unberechtigten Parkens auf einem Schwerbehindertenparkplatz soll ich 40 DM Verwarnungsgeld bezahlen.
Ich parkte auf diesem Parkplatz, weil ich selbst schwerbehindert bin (Ausweis-Nummer ...). Meine Parkberechtigung, die normalerweise deutlich erkennbar hinter der Frontscheibe steckt, war offensichtlich heruntergefallen. Dennoch war an der Heckscheibe das Rollstuhlfahrer-Symbol erkennbar.
Ich bitte Sie daher, die Verwarnung zurückzunehmen.

Mit freundlichen Grüßen

Wird dem Einspruch nicht stattgegeben und Sie zahlen dennoch nicht, handeln Sie sich einen (teureren) Bußgeldbescheid ein. Sind Sie der Meinung, zu Unrecht Buße tun zu sollen, so empfiehlt sich der Widerspruch gegen das Bußgeld (siehe Musterbrief 47).

Musterbrief 47: Widerspruch gegen Bußgeld

Bußgeldbescheid vom (Datum) / Geschäftszeichen ...

Sehr geehrte Damen und Herren,

gegen obigen Bußgeldbescheid lege ich hiermit Widerspruch ein. Zur Sache hatte ich mich bereits nach Ihrem Schreiben vom (Datum) geäußert, doch offenbar konnten Sie sich die Gründe nicht zu Eigen machen (siehe Kopie in der Anlage).
Da ich mir sicher bin, nicht zu schnell gefahren zu sein, vermute ich, dass sich die Beamten bei der Geschwindigkeitsmessung geirrt haben oder das Messgerät defekt war.
Da auch das „Beweis"-Foto unscharf ausfiel, liegt womöglich ein Irrtum vor; es könnte sich auch um einen anderen Wagen handeln.
Ich bitte Sie, die Beschuldigung noch einmal zu überprüfen und den Bußgeldbescheid fallen zu lassen.

Mit freundlichen Grüßen

Sie können nach Zugang des Bußgeldbescheids innerhalb von 14 Tagen Einspruch erheben.

Für den Widerspruch haben Sie 14 Tage Zeit (doppelt so lange wie bei einer Verwarnung). Wird er abgelehnt, wandert die Akte zum Amtsgericht. Entweder kommt es zum Prozess – mit dem Risiko, dass das Bußgeld für den Verkehrsverstoß auch höher ausfallen kann und zur Geldstrafe noch Punkte in Flensburg hinzukommen. Oder der Richter entscheidet ohne Verhandlung (per Beschluss) – dann darf das Bußgeld nicht höher ausfallen als im angefochtenen Bescheid. Hinzu kommen allerdings Gerichtskosten von mindestens 150 DM.

Wer die Polizei in Not oder bei Ärgernissen des Alltags ruft, darf mit ihrer Hilfe rechnen. Angebracht ist es vor allem dann, wenn Gespräche unter den Beteiligten nichts bewirkt haben. In extremen Fällen sollten Sie Anzeige erstatten, insbesondere nach Straftaten, aber auch bei Störung der öffentlichen Ordnung in Ihrem Wohngebiet (siehe Musterbrief 48).

Die Polizei muss sich als Freund und Helfer erweisen, kann also Ihr Anliegen nicht ignorieren. In eiligen Fällen ist die Notrufnummer 110 im wahrsten Sinne des Wortes der kürzeste Draht. Halten Sie in Gedanken die wichtigsten Tatbestände fest oder machen Sie sich besser noch vor dem Anruf Notizen.

Musterbrief 48: Anzeige wegen Störung der öffentlichen Ordnung

Anzeige

Sehr geehrte Damen und Herren,

hiermit erstatte ich Anzeige gegen (Name) wegen Beleidigung und Gewaltandrohung. Seit mehreren Tagen terrorisieren (Name) und seine „Freunde" Passanten und Anwohner der (Straßenname) durch illegales Absperren des Weges und lassen nur Leute durch, die „Wegezoll" entrichten. Mich haben die Jugendlichen zum Beispiel „halbe Portion" genannt und ohne jeden Grund durchgeschüttelt.
Ich bitte Sie, der Sache schnellstens nachzugehen und mir die Tagebuchnummer bzw. das Aktenzeichen des Vorgangs mitzuteilen.

Mit freundlichen Grüßen

In manchen Situationen sind Anzeigen sogar vorgeschrieben: nach Wohnungseinbruch, Raub, Autodiebstahl (siehe Musterbrief 49) oder Körperverletzung. Eine Anzeige kann auch als Denkzettel wirken, etwa bei ständig zugeparkter Einfahrt Ihres Grundstücks.

Musterbrief 49: Strafanzeige Autodiebstahl

Strafanzeige gegen unbekannt

Sehr geehrte Damen und Herren,

hiermit erstatte ich Anzeige gegen unbekannt wegen Diebstahl meines Pkw (Fabrikat), Kennzeichen…, Fahrgestellnummer …, Farbe …
Den Wagen stellte ich wie jeden Abend gegen … Uhr gesichert und verschlossen auf dem Parkplatz (Ort) ab.
Als ich heute, am (Datum) um … Uhr mit dem Auto losfahren wollte, war es verschwunden.
Bitte nehmen Sie die Ermittlungen auf und teilen Sie mir das Aktenzeichen mit, unter dem der Vorgang bearbeitet wird.

Mit freundlichen Grüßen

Die Polizei ist nicht dafür zuständig, dass Sie nach einer gegen Sie gerichteten Straftat Schadensersatz erhalten.

Wichtig: Die Ermittlungsbehörden verfolgen dabei den Straftatbestand und bringen den Täter gegebenenfalls vors Gericht, das den Fall nach der Strafprozessordnung verhandelt (siehe auch Musterbrief 50). Damit ist aber Ihr eigentlicher Schaden, also z. B. das geklaute Auto, Verdienstausfall oder Schmerzensgeld nach Körperverletzung, nicht beglichen. Hier müssen Sie gesondert aktiv werden und Schadensersatz fordern. Am besten betrauen Sie auf kürzestem Wege einen Anwalt mit diesen „zivilrechtlichen Interessen".

Musterbrief 50: Strafanzeige Körperverletzung

Strafanzeige gegen unbekannt

Sehr geehrte Damen und Herren,

hiermit erstatte ich Anzeige gegen unbekannt wegen Körperverletzung. Als ich gestern, am (Datum) gegen … Uhr auf dem Weg von der Straßenbahn, Haltestelle …, zu meiner Wohnung um Feuer gebeten wurde, schlug die Person ohne erkennbaren Grund oder Vorwarnung auf mich ein. Dabei ging meine Brille zu Bruch. Der Täter konnte trotz meiner Hilfeschreie entkommen. Soweit ich erkennen konnte, war es ein Mann, etwa … Jahre alt, ca. … groß, bekleidet mit …
Der herbeigerufene Arzt, Doktor (Name des Arztes) stellte Prellungen und Abschürfungen fest. Bis mindestens (Datum) wurde ich krank geschrieben.
Bitte nehmen Sie die Ermittlungen auf und teilen Sie mir das Aktenzeichen mit, unter dem der Vorgang bearbeitet wird.

Mit freundlichen Grüßen

Wird man mit der Polizei konfrontiert, ist es gut zu wissen, was die Ordnungshüter überhaupt dürfen. Bei Verkehrskontrollen darf die Polizei Führerschein und Fahrzeugschein verlangen. Nur bei berechtigten Hinweisen, dass Sie sich strafbar gemacht oder ordnungswidrig verhalten haben, darf der Personalausweis oder Reisepass verlangt werden – der nämlich nicht ständig mitgeführt werden muss. Bei Verdacht auf Alkohol am Steuer darf die Polizei eine Blutentnahme anordnen, die allerdings von einem Arzt vorgenommen werden muss – Betroffene können nicht von der Polizei gezwungen werden, ins Röhrchen zu pusten. Allerdings können Strafverdächtige notfalls zur Dienststelle mitgenommen und durchsucht werden. Generell darf die Polizei Wohnungen nicht gegen den Willen des Inhabers betreten. Für die Durchsuchung ist eine richterliche Anordnung notwendig (schriftlicher Durchsuchungsbefehl). Lediglich wenn Gefahr im Verzug ist und der Durchsuchungsbefehl nicht so schnell beschafft werden kann, darf die Polizei die Wohnräume betreten. Lädt man Sie zur Vernehmung aufs Revier, müssen Sie weder als Verdächtiger noch als Zeuge erscheinen. Das ist nur Pflicht, wenn die Vorladung von der Staatsanwaltschaft oder dem Gericht kommt.

Sie können der Polizei den Zutritt zu Ihrer Wohnung verweigern, wenn die Beamten keinen Durchsuchungsbefehl haben.

Im Übrigen hat jeder Bürger das Recht, alles was die Polizei tut, von Gerichten überprüfen zu lassen. Gegen strittige Entscheidungen sollten Sie sofort Beschwerde einlegen. Erweist sich ein Beamter weniger als Freund und Helfer, sondern als selbstherrlicher „Sheriff", der auch vor Beschimpfungen oder Gewalt nicht zurückschreckt, dann empfiehlt sich eine schriftliche Beschwerde beim Leiter der zuständigen Polizeidienststelle (siehe Musterbrief 51).

Musterbrief 51: Beschwerde über Polizeibeamten

Beschwerde

Sehr geehrte Damen und Herren,

ich möchte mich über den Polizeibeamten (Name) aus Ihrer Dienststelle beschweren. Der Beamte hat mich am (Datum) um ... Uhr bei einer Verkehrskontrolle ziemlich grob behandelt und zu Unrecht mit einem Verwarnungsgeld belegt. Als ich nicht sofort zahlen wollte, nannte er mich wörtlich „einen knickrigen Hosenscheißer" und drohte, dass es nun noch teurer wird.
Da ich allein im Wagen saß, habe ich keine Zeugen. Dennoch ärgert mich das Verhalten des Polizisten maßlos. Bitte veranlassen Sie alles Nötige, damit ähnliche Beschwerden gegenstandslos werden und das Bild der Polizei in der Öffentlichkeit nicht beschädigt wird.

Mit freundlichen Grüßen

Mitunter ist nicht die Polizei zuständig, sondern das Ordnungsamt der Stadt oder Gemeinde. Ans Ordnungsamt können Sie sich wenden, um Missstände beseitigen zu lassen oder sich über Belästigungen zu beschweren. Beispiele: Lärmbekämpfung (laute

Nachbarn), Umweltverschmutzung (Verbrennen von Laub), Geruchsbelästigung (ständiges Parken von Kfz bei laufendem Motor), Hygienekontrolle in Gaststätten oder Lebensmittelkontrolle. Häufiger Zankapfel sind Mitmenschen, die sich nicht durch gute Worte davon abbringen lassen, ihre Nachbarn an ihrem Privatleben teilhaben zu lassen. Wird dies zum Dauerzustand, kann man sich erfolgreich dagegen wehren (siehe Musterbrief 52).

Musterbrief 52: Beschwerde wegen Lärmbelästigung

Beschwerde wegen Lärmbelästigung

Sehr geehrte Damen und Herren,

hiermit möchte ich mich über den unzumutbaren Lärm meiner Nachbarn (Name), wohnhaft (Straße, Hausnummer), ... Etage, beschweren, weil ich mir keinen anderen Rat mehr weiß.
Seit die Nachbarn im Jahre ... hier einzogen, gibt es immer wieder Anlass zu Auseinandersetzungen, weil sie es an Rücksicht fehlen lassen. Wir sind zwar von Haus aus nicht pingelig, doch hin und wieder baten wir uns im persönlichen Gespräch mit ihnen Ruhe aus. Das fruchtete zwar meist für den Moment, wurde bei nächster Gelegenheit jedoch wieder ignoriert.
Besonders störend wirkt es, dass beinahe jeden Sonntagnachmittag eine Kreissäge betrieben wird. Auch scheint der uralte Rasenmäher lauter als die erlaubten 100 Dezibel zu sein. Hinzu kommt, dass samstags bis weit nach 22 Uhr laute Musik und Gespächsfetzen zu uns herüber dringen, die das Wohlbefinden empfindlich stören.
Wir bitten Sie daher, auf amtlichem Wege für Ruhe und Ordnung zu sorgen. Vielleicht hilft ja eine Geldbuße.

Mit freundlichen Grüßen

Kein Geld vom Staat oder Ablehnung von Anträgen

Ein Antrag auf Wohngeld kann sich lohnen, wenn Sie wenig verdienen.

Fast 40 unterschiedliche Behörden entscheiden hierzulande über mehr als 150 Sozialleistungen des Staates für seine Bürger. Mieter zum Beispiel, die im Verhältnis zu ihrem Einkommen überdurchschnittlich viel Geld fürs Wohnen ausgeben müssen, haben Anspruch auf Wohngeld. Den Antrag nimmt die Wohngeldstelle Ihres Wohnungsamtes entgegen (vergleiche Musterbrief 53).

Musterbrief 53: Antrag auf Wohngeld

Antrag auf Wohngeld

Sehr geehrte Damen und Herren,

hiermit stelle ich zur Wahrung der Frist einen formlosen Antrag auf Wohngeld. Seit (Datum) habe ich eine …-Raum-Wohnung unter obiger Adresse gemietet, für die ich – gemessen an meinem Einkommen – überdurchschnittlich viel Miete aufwenden muss. Falls ein vorgedruckter Antrag auszufüllen ist, senden Sie mir bitte das Formular zu. Ich werde es dann samt Mietvertrag, aktueller Mietquittung und Verdienstbescheinigung umgehend einreichen.

Mit freundlichen Grüßen

Die Höhe des Wohngeldes hängt von der Familiengröße, dem Nettoeinkommen und den zuschussfähigen Wohnkosten ab. Gezahlt wird maximal für ein Jahr, dann muss ein neuer Antrag gestellt werden. Geld gibt es ein oder zwei Monate im Voraus.

Mitunter lässt die Prüfung des Wohngeldantrages auf sich warten. Ein Erinnerungsbrief empfiehlt sich vor allem dann, wenn es zwischenzeitlich eng mit dem Haushaltsgeld wird. Kommt der Wohngeldbescheid endlich ins Haus, herrscht nicht immer eitel Sonnenschein. Mitunter haben Sie mit mehr Geld gerechnet, aber Ihr Einkommen ist zu hoch. Oder die Wohngeldstelle hat Ihnen zustehende Freibeträge nicht berücksichtigt. Da die Berechnung nur auf den ersten Blick einfach scheint, sind Widersprüche häufig angebracht. Wichtig: Gegen den Bescheid kann Widerspruch nur innerhalb eines Monats eingelegt werden (vergleiche sinngemäß Musterbrief 45).

Sind Sie der Meinung, dass Ihnen zu wenig Wohngeld zugebilligt wird, sollten Sie Widerspruch einlegen.

Viele Leute haben Anspruch auf Sozialhilfe, und zwar jeder, der in Not gerät und sich nicht von allein oder mithilfe seiner Kinder und Eltern daraus befreien kann. Sie wird als persönliche Hilfe, Geldleistung oder Sachleistung gewährt. Über 30 verschiedene Hilfen kommen in Betracht, die entweder laufend, einmalig oder nur in besonderen Lebenslagen in Anspruch genommen werden können. Falls Ihr Antrag beim Sozialamt abgelehnt wird, sollten Sie die Ansprüche einen auf Sozialrecht spezialisierten Rechtsanwalt prüfen lassen und vorsorglich beim Sozialamt Widerspruch gegen den Bescheid einlegen (siehe Musterbrief 54).

Musterbrief 54: Widerspruch Sozialhilfebescheid

Widerspruch zum Sozialhilfebescheid vom (Datum), Aktenzeichen: ...

Sehr geehrte Damen und Herren,

hiermit lege ich Widerspruch gegen den oben näher bezeichneten Sozialhilfebescheid ein, der mir am (Datum) zugegangen ist, und beantrage, mir vorübergehend Zuschüsse oder Sachleistungen zur (Verwendungszweck) zu bewilligen.
Soweit ich dies überblicke, besteht darauf zwar kein Rechtsanspruch, aber unsere besondere soziale Situation sollte Ihnen Anlass sein, den Antrag noch einmal wohlwollend zu prüfen.

Mit freundlichen Grüßen

Um Kindergeld zu erhalten, müssen Sie einen Antrag bei der Familienkasse Ihres Arbeitsamtes stellen.

Für Kindergeld ist die Familienkasse des Arbeitsamtes an Ihrem Wohnsitz zuständig. Für das erste und zweite Kind gibt es jeweils 250 DM monatlich, für das dritte Kind 300 DM sowie für das vierte und jedes weitere Kind jeweils 350 DM – immer nur auf Antrag. Das Kindergeld wird aber möglicherweise bald angehoben, da das Bundesverfassungsgericht den jetzigen Satz als zu niedrig eingestuft hat. Eltern erhalten für alle Kinder, die im Haushalt leben und nicht älter als 16 Jahre sind, Kindergeld. Später – bis maximal 27 Jahre – nur noch, wenn die Kinder in der Ausbildung oder selbst in Not sind (Behinderung, fehlende Lehrstelle) oder Wehrdienst, Zivildienst bzw. Entwicklungshilfe leisten oder sich im freiwilligen sozialen Jahr befinden.

Rückwirkend wird Kindergeld höchstens für ein halbes Jahr vor Antragstellung gezahlt – deshalb sollte ein Antrag noch gestellt werden. Häufig lassen sich die Behörden viel Zeit mit dem Kindergeldbescheid, mitunter ist er auch fehlerhaft. Dann sollten Sie zügig widersprechen (siehe Musterbrief 55).

Musterbrief 55: Widerspruch Kindergeldbescheid

Kindergeldbescheid vom (Datum) / KG-Nummer … / Widerspruch

Sehr geehrte Damen und Herren,

hiermit widerspreche ich dem obigen Kindergeldbescheid, den ich am (Datum) erhalten habe.
Begründung: Sie haben das Kindergeld erst ab (Datum) berechnet, mein Antrag datiert jedoch vom (Datum). Im Übrigen absolviert mein Kind (Name) seit (Datum) eine Ausbildung und ist somit kindergeldberechtigt. Die Ausbildungsbescheinigung und den Einkommensnachweis hatte ich mitgeschickt.
Bitte berechnen Sie das Kindergeld neu, ändern den Bescheid ab und schicken mir den neuen Bescheid zu. Ich bitte um zügige Überweisung der Nachzahlung in Höhe von … DM bis spätestens (Datum).

Mit freundlichen Grüßen

Wer seinen Job verliert und nicht sofort einen neuen findet, bekommt auf Antrag Arbeitslosengeld vom Arbeitsamt. Voraussetzung: Sie haben Beiträge zur gesetzlichen Arbeitslosenversicherung gezahlt und Ihnen wurde nicht durch pflichtwidriges Verhalten gekündigt bzw. Sie haben nicht selbst gekündigt (in letzterem Fall gilt eine Sperrfrist von drei Monaten). Zudem müssen Sie in den letzten drei Jahren mindestens 360 Tage gearbeitet haben (mindestens 18 Stunden pro Woche) und der Arbeitsvermittlung zur Verfügung stehen. Der Antrag muss persönlich beim zuständigen Arbeitsamt gestellt werden. Ist absehbar, dass Sie arbeitslos werden, sollten Sie dies dem Arbeitsamt mitteilen und um Aufklärung für die weiteren Schritte bitten (siehe Musterbrief 56).

Arbeitslosengeld gibt es nur vom Tag der Antragstellung an. Gehen Sie am ersten Tag Ihrer Arbeitslosigkeit zum Arbeitsamt.

Musterbrief 56: Antrag auf Arbeitslosengeld

Arbeitslosengeld

Sehr geehrte Damen und Herren,

ich werde aus betrieblichen Gründen zum (Datum) entlassen und möchte vorsorglich Arbeitslosengeld beantragen.
Ich bin von Beruf (Berufsbezeichnung) und seit (Datum) ununterbrochen in der Firma (Name) vollzeitbeschäftigt. Da ich keinerlei Erfahrung im Umgang mit dem

Arbeitsamt besitze, schicken Sie mir bitte vor einem persönlichen Gespräch wichtige Unterlagen und gegebenenfalls auch Formulare zu, damit ich diese rechtzeitig ausfüllen kann.
Bitte teilen Sie mir mit, wer wann und wo für mich in Ihrem Hause ansprechbar ist (auch Telefon).

Mit freundlichen Grüßen

Ergibt sich vorerst kein neuer Job, so wird in aller Regel Arbeitslosengeld bewilligt. Das Arbeitsamt überweist Arbeitnehmern mit mindestens einem Kind 67 Prozent des letzten Nettoverdienstes, ansonsten 60 Prozent.

Arbeitlosengeld wird mitunter erst nach einer Sperrfrist gezahlt oder auch vorübergehend unterbrochen. Mit einer Sperrfrist müssen Sie rechnen, wenn Sie von Ihrem Arbeitgeber bei der Entlassung eine Abfindung erhalten. Diese Praxis ist jedoch seit April 1999 überholt. Sie sollten dem Arbeitsamt widersprechen (siehe Musterbrief 57).

Musterbrief 57: Widerspruch gegen Abfindungs-Anrechnung auf Arbeitslosengeld

Bescheid über Arbeitslosengeld vom (Datum) / Widerspruch

Sehr geehrte Damen und Herren,

hiermit widerspreche ich oben genanntem Bescheid über die Höhe meines Arbeitslosengeldes ab (Datum), den ich am (Datum) erhalten habe.
Sie haben meine Abfindung in Höhe von ... DM auf das Arbeitslosengeld angerechnet. Nach Beschluss des Deutschen Bundestages vom 4. März 1999 ist dies nicht rechtens. Da mein Arbeitgeber die Kündigungsfrist eingehalten hat, darf die Abfindung nicht auf das Arbeitslosengeld angerechnet werden.
Ich fordere Sie auf, das Arbeitslosengeld neu zu berechnen und mir den neuen Bescheid kurzfristig zuzustellen. Die Nachzahlung in Höhe von ... DM pro Monat überweisen Sie bitte innerhalb von drei Wochen nach Absendung dieses Briefes, also bis spätestens zum (Datum), auf mein bekanntes Konto. Andernfalls behalte ich mir rechtliche Schritte vor.

Mit freundlichen Grüßen

Die Chance auf Arbeitslosengeld ist allerdings gleich null, wenn dem Arbeitnehmer eine zumutbare neue Beschäftigung nachgewiesen wird. Zumutbar ist die Bezahlung der neuen Arbeit, wenn mindestens 80 Prozent des letzten Bruttoeinkommens erreicht werden (gilt für 1. bis 3. Monat der Arbeitslosigkeit) bzw. mindestens 70 Prozent des letzten Bruttoeinkommens erreicht werden (gilt für 4. bis 6. Monat der Arbeitslosigkeit) oder mindestens ein Nettoeinkommen erreicht wird, das abzüglich Fahrtkosten der Höhe des Arbeitslosengeldes entspricht (gilt ab 7. Monat der Arbeitslosigkeit).

Lehnen Sie eine zumutbare Beschäftigung ab, streicht das Arbeitsamt Ihnen das Arbeitslosengeld.

Junge Männer werden in aller Regel zum Wehrdienst einberufen. Gab es an der Musterung nichts auszusetzen, kann eines Tages der Einberufungsbescheid im Briefkasten liegen und die nächsten Pläne gehörig über den Haufen werfen. Liegen ernsthafte Gründe vor, etwa die Gefährdung Ihrer Berufsausbildung, sollten Sie umgehend widersprechen und eine Zurückstellung vom Wehrdienst fordern (siehe Musterbrief 58).

Musterbrief 58: Zurückstellung vom Wehrdienst

Zurückstellung vom Wehrdienst /
Einberufungsbescheid vom (Datum)

Sehr geehrte Damen und Herren,

mit oben näher bezeichnetem Einberufungsbescheid, der mir am (Datum) zugegangen ist, rufen Sie mich zur Bundeswehr (Wehrpassnummer ...).
Ich beantrage, bis zum (Datum) vom Wehrdienst zurückgestellt zu werden.
Erst zu diesem Zeitpunkt endet mein Lehrverhältnis als Auszubildender bei der Firma (Name). Eine beglaubigte Kopie des Ausbildungsvertrages ist beigefügt. Danach möchte ich unbedingt noch mindestens ein weiteres Jahr dort arbeiten. Immerhin hat die Firma signalisiert, mich nach der Ausbildung zu übernehmen. Dies wäre durch die Einberufung zum Ende der Lehre gefährdet.

Mit freundlichen Grüßen

Berechtigten Wünschen zum Aufschub des Wehrdienstes wird sich das Wehrersatzamt in der Regel nicht verschließen. Wichtig ist, dass Sie die im Einberufungsbescheid genannte Frist für den Widerspruch wahren.

Auch Bauherren haben es nicht leicht. Die Jagd nach preiswertem Grund und Boden, Bauteilen, Architekt und Kredit ist nicht alles. Zwischendurch pocht auch die Baubehörde auf ihr Recht. Zumeist ist ein Bauantrag (beim Bauamt) nötig. Für den Antrag sollten Sie unbedingt einen Architekten oder Bauingenieur hinzuziehen, da der Antrag von einem solchen „bauvorlageberechtigten Entwurfsverfasser" mit zu unterzeichnen ist. Das Genehmigungsverfahren ist in der jeweiligen Landesbauordnung geregelt.

Nach etwa zwei Monaten hat die Bauaufsicht in der Regel über Ihren Antrag entschieden. Wird die Baugenehmigung erteilt, so kann der Bau beginnen. Wird der Antrag jedoch abgelehnt, so hängt das weitere Vorgehen vom Grund der Ablehnung ab. Gehen Sie gemeinsam mit dem Architekten die Unterlagen noch einmal durch, ziehen Sie leichte Veränderungen in Betracht, aber notfalls auch einen Rechtsstreit (Kosten überschlagen). Kommen Sie zu dem Schluss, dass die Ablehnung Ihres Bauantrages nicht haltbar sein dürfte, sollte innerhalb eines Monats widersprochen werden (siehe Musterbrief 59).

Musterbrief 59: Widerspruch zu abgelehntem Bauantrag

Bauantrag vom (Datum) / Ablehnungsbescheid
Aktenzeichen … / Widerspruch

Sehr geehrte Damen und Herren,

hiermit lege ich Widerspruch gegen oben näher bezeichneten Ablehnungsbescheid ein, der mir am (Datum) zugegangen ist.
In meinem Bauantrag vom (Datum) für das Grundstück (Ortsbezeichnung) habe ich mich strikt an die Vorgaben gehalten, die von Ihnen im Bauvorbescheid vom (Datum) verlangt wurden. Der Vorbescheid ist noch kein ganzes Jahr alt. Deshalb verstehe ich nicht, weshalb Sie sich nun nicht mehr daran gebunden fühlen.
Da meine Bank ab (Datum) Bereitstellungszinsen in Höhe von … Prozent pro Monat für nicht abgerufenen Baukredit verlangt, geht die jetzige Verzögerung zu allem Überfluss auch noch ins Geld. Um zusätzliche Kosten für alle Beteiligten abzuwenden, bitte ich um schnelle Prüfung.
Ich behalte mir vor, Ihnen finanzielle Aufwendungen, die Sie zu vertreten haben, in Rechnung zu stellen.

Mit freundlichen Grüßen

Behördenärger in Familie, Schule und Firma

Aus der Fülle alltäglicher Streitigkeiten innerhalb der Familie, die nach außen dringen und auch Gerichte beschäftigen, ragt die Scheidung heraus. Jede dritte Ehe wird geschieden. Zuständig ist das Familiengericht Ihres Wohnsitzes. Kommt es zur Scheidung, wird der Nachwuchs meist der Mutter zugesprochen. Der Vater hat vor allem für Unterhalt zu sorgen. Mitunter lässt das Geld aber zu lange auf sich warten. Dann sollte die Mutter beim Familiengericht auf Vollstreckung des Unterhaltsanspruchs klagen (siehe Musterbrief 60).

Wird der Kindesunterhalt nicht oder nicht pünktlich gezahlt, muss das Familiengericht eingeschaltet werden.

Musterbrief 60: Antrag auf Vollstreckung des Unterhalts

Vollstreckung Kindesunterhalt, Scheidungsurteil vom (Datum) / Aktenzeichen ...

Sehr geehrte Damen und Herren,

hiermit beantrage ich, (Name der Antragstellerin), geschieden am (Datum) in (Ort), den im Scheidungsurteil abgefassten Titel zum Kindesunterhalt bei meinem Ex-Gatten (Name des unterhaltspflichtigen Ehepartners), jetzt wohnhaft in (Ort), zu vollstrecken.
Seit (Datum) blieb (Name des Unterhaltspflichtigen) den Kindesunterhalt schuldig, zusammen also ... DM. Telefonische und persönliche Mahnungen blieben ohne jeden Erfolg.
Der finanzielle Engpass ist unerträglich; bitte zwingen Sie meinen Ex-Ehemann zur baldigen Zahlung.

Mit freundlichen Grüßen

Mit dem Vollstreckungsbescheid rückt der Gerichtsvollzieher dem Säumigen auf die Pelle. Allerdings kann sich der Schuldige dagegen wehren (Vollstreckungsabwehr), wenn er sich ungerecht behandelt fühlt, etwa weil er so wenig verdient, dass es für ihn selbst kaum reicht.

Selbst gegen den Gerichtsvollzieher kann man sich wehren, wenn man mittellos ist.

Wenn Ihnen außerhalb der Familie jemand Geld schuldig bleibt, hilft nach eingehender Mahnung mit eindeutiger Rückzahlungsfrist nur noch ein gerichtliches Mahnverfahren. Dies funktioniert nur mit dem Vordruck „Antrag auf Erlass eines Mahnbescheids“, den es in gut sortierten Schreibwarenläden gibt. Den schicken Sie ans zuständige Amtsgericht oder geben ihn persönlich dort ab. Vom Amtsgericht erhält man dann eine Rechnung (kostet bei 3000 DM Streitwert 65 DM), die schnellstens beglichen werden sollte. Erst danach wird das Mahnverfahren eingeleitet: Der Schuldner wird vom Gericht aufgefordert, seine Schulden, eventuell vereinbarte Zinsen, Verzugszinsen und alle bis dato angefallenen Mahnkosten (samt Formular und Gerichtskosten) innerhalb von zwei Wochen zu bezahlen.

Geht Ihr Schuldner darauf ein, haben Sie das Geld innerhalb der vom Gericht gesetzten Frist zurück (es sei denn, es kommt zu unvorhergesehenen Zwischenfällen). Er kann aber auch ablehnen und gegen den Mahnbescheid Widerspruch einlegen. Widerspricht er oder zahlt einfach nicht, bleibt Ihnen nur der Klageweg. Dazu benötigt das Gericht Ihren Auftrag samt Begründung, und zwar in dreifacher Ausführung (siehe Musterbrief 61).

Musterbrief 61: Klage wegen Widerspruchs gegen Mahnbescheid

Klage gegen Widerspruch Mahnbescheid, Aktenzeichen ...

Sehr geehrte Damen und Herren,

in der oben genannten Mahnsache hat der Schuldner Widerspruch gegen den Mahnbescheid erhoben. Ich bitte darum, einen Termin für die mündliche Verhandlung anzusetzen.
Die Klage begründe ich wie folgt:
Seit (Datum) schuldet (Name des Schuldners) mir ... DM, die er per Kreditvertrag für ... Prozent Jahreszins erhielt und bis (Datum) zurückzahlen wollte (siehe Anlagen). Inzwischen ist die Rückzahlung seit (Datum) fällig, doch auf meine Mahnungen vom (Datum) und (Datum) reagierte er nicht. Daraufhin setzte ich ihm eine letzte Frist zum (Datum), die wieder ungenutzt verstrich. Folglich beantragte ich am (Datum) einen Erlass auf Mahnbescheid (Aktenzeichen ...) beim Amtsgericht. Wieder zahlte der Schuldner nicht und widersprach sogar, sodass jetzt das Gericht verhandeln muss.

Mit freundlichen Grüßen

Übrigens: Wenn sich abzeichnet, dass der Schuldner – das kann auch ein Unternehmen sein – nicht zur Rückzahlung bereit ist, kann auf das Mahnverfahren verzichtet und sofort Klage eingereicht werden.

Hin und wieder kann es zu Problemen zwischen Eltern und Schule kommen, insbesondere wenn das eigene Kind sich offensichtlich ungerecht vom Lehrer behandelt fühlt. Dann sollten Eltern umgehend das Gespräch mit dem Klassenlehrer suchen, gegebenenfalls auch mit dem betreffenden Fachlehrer. In aller Regel ist die Sache damit aus der Welt. Kommt es jedoch nicht zu einer Einigung oder Ihr Kind fühlt sich hinterher vom Lehrer besonders gegängelt oder das Problem betrifft mehrere Schüler, dann empfiehlt sich ein Beschwerdebrief an die Schulleitung oder den Elternsprecherrat (siehe Musterbrief 62).

Gibt es Probleme mit einem Lehrer, hilft es, die Schulleitung zu informieren.

Musterbrief 62: Beschwerde über einen Lehrer

Beschwerde über den Lehrer (Name)

Sehr geehrter Schuldirektor,

mein Kind (Name) besucht die Klasse ... an Ihrer Schule. In der Klasse gibt es offenbar einige sehr gewaltbereite Schüler, etwa (Name), unter denen mein Kind sehr zu leiden hat.
Ich bat den Klassenlehrer im persönlichen Gespräch und später nochmals schriftlich, dagegen einzuschreiten. Bislang ohne Erfolg. Auf das Schreiben vom (Datum) (siehe Kopie in der Anlage) hat der Klassenlehrer nicht einmal geantwortet. Den Berichten meines Kindes entnehme ich, dass der Klassenlehrer die Unruhestifter durch sein eigenes Verhalten eher noch ermuntert. So soll er einen Schüler ziemlich heftig durchgeschüttelt haben.
Ich sehe nun keinen anderen Weg mehr, als Sie zu bitten, sich der Sache anzunehmen. Natürlich stehe ich für ein weiteres Gespräch – auch mit den Eltern der aggressiven Schüler – zur Verfügung. Schließlich will ich eine gemeinsame Lösung und kein Gegeneinander von Eltern und Schule.

Mit freundlichen Grüßen

Kommt es auch dann zu keiner einvernehmlichen Lösung, sollten Sie eine Briefkopie mit Begleitschreiben an die letzte Instanz schicken, das zuständige Schulamt.

Unklarheiten mit der Rente

Jedermann hat das Recht auf Informationen zur Rente. Im Normalfall schickt IhrVersicherungsträger Ihnen ab dem 45. Geburtstag unaufgefordert alle sechs Jahre einen groben Versicherungsverlauf. Wollen Sie sich ein ganz genaues Bild von Ihrer Altersrente machen, können Sie in späteren Jahren eine Rentenauskunft verlangen. Die sendet IhrVersicherungsträger ab 55. Geburtstag unaufgefordert zu, bei Jüngeren wieder nur auf Antrag. Mitunter entsteht der Eindruck, dass die Bundesversicherungsanstalt für Angestellte (BfA) bzw. das zuständige Landesversicherungsamt (LVA) die Rentenauskunft sehr schleppend bearbeitet. Dann sollten Sie sich spätestens sechs Wochen nach Antragstellung beschweren (siehe Musterbrief 63).

Dauert eine Rentenauskunft übermäßig lange, beschweren Sie sich!

Musterbrief 63: Rentenauskunft

Versicherungsnummer ... / Ausbleiben der Rentenauskunft

Sehr geehrte Damen und Herren,

ich bin unter obiger Nummer bei Ihnen gesetzlich rentenversichert und hatte am (Datum) eine Rentenauskunft beantragt.
Bislang tat sich jedoch überhaupt nichts; auch eine telefonische Anfrage blieb ergebnislos.
Da ich die Angaben wegen des Abschlusses einer zusätzlichen privaten Altersvorsorge aber dringend benötige, bitte ich um Erledigung möglichst bis zum (Datum).
Sollte ich bis zu diesem Termin wieder gar keine Reaktion erhalten, behalte ich mir eine Dienstaufsichtsbeschwerde vor.

Mit freundlichen Grüßen

Ist die Zeit für die Rente gekommen, sollten Sie die Rente formlos beantragen. Es genügt ein kurzes Schreiben an Ihren Rentenversicherungsträger, dass Sie eine bestimmte Rente beanspruchen wollen.

Liegt der Rentenbescheid vor, sind viele wegen der vermeintlich geringen Summe enttäuscht. In krassen Fällen sollten Sie einen Rentenexperten nachrechnen lassen. Ihr Rentenversicherungsträger hat nämlich nicht immer Recht. Das beweisen zahlreiche Verfahren vor Sozialgerichten, wo Rentner fast jeden dritten Fall gewinnen.

Bevor Sie jedoch vor die Schranken des Gerichts treten, muss der Rentenversicherungsträger Gelegenheit bekommen, seine eigene Entscheidung noch einmal zu überprüfen. Das heißt: Bevor Sie klagen können, müssen Sie gegen den Rentenbescheid Widerspruch einlegen (siehe Musterbrief 64).

Glauben Sie, dass Ihre Rente falsch berechnet wurde, sollten Sie rasch Widerspruch einlegen.

Musterbrief 64: Widerspruch gegen Rentenbescheid

Rentenbescheid vom (Datum) / Versicherungsnummer ... / Widerspruch

Sehr geehrte Damen und Herren,

hiermit lege ich Widerspruch gegen den oben näher bezeichneten Rentenbescheid ein, der mir am (Datum) zugegangen ist.
Soweit ich dies überblicke, haben Sie nicht alle Beitragszeiten berücksichtigt. Außerdem verstehe ich folgende Angaben so nicht:
(Aufzählung unverständlicher Angaben)
Bitte berechnen Sie den Anspruch neu und überweisen den angefochtenen Betrag quasi als Abschlag bis zur endgültigen Klärung auf mein Konto ...

Mit freundlichen Grüßen

Für den Widerspruch besteht einen Monat, nachdem Sie den Bescheid erhalten haben, Gelegenheit. Eine unabhängige Widerspruchsstelle prüft den angefochtenen Bescheid. Sind Sie dabei erfolgreich, steht Ihnen neben der höheren Rente die Erstattung aller notwendigen Aufwendungen zu. Brachte der Widerspruch nichts ein, obwohl Sie sich beweisbar benachteiligt fühlen, sollten Sie vors Sozialgericht ziehen. Die Klage muss spätestens einen Monat, nachdem Sie den Widerspruchsbescheid erhalten haben, eingereicht werden. Im Regelfall gibt es kein Prozesskostenrisiko.

Fehler bei der Krankenkasse und beim Arzt

Da die Gesundheitskosten unaufhörlich steigen, geht es zwischen Patienten auf der einen und Krankenkassen sowie Ärzten auf der anderen Seite zunehmend ums Geld.

Die Krankenkasse zahlt nicht

Im Anschluss an die Lohnfortzahlung des Arbeitgebers im Krankheitsfall haben Sie Anspruch auf Krankengeld.

Günstig: Wird ein Arbeitnehmer krank, erhält er vorübergehend weiter die volle Vergütung von seinem Betrieb (Lohnfortzahlung). Ab der siebten Krankheitswoche wechselt der Geldgeber: Nun springt die Krankenversicherung mit Krankengeld ein; es fällt jedoch geringer aus (70 Prozent von Lohn/Gehalt) und kommt auch nur auf Antrag. Falls es Unstimmigkeiten über die Höhe des Krankengeldes gibt, sollten Sie dem Krankengeldbescheid der Kasse widersprechen (siehe Musterbrief 65).

Musterbrief 65: Widerspruch gegen Krankengeldbescheid

Mitgliedsnummer … / Antrag auf Krankengeld vom (Datum) / Widerspruch

Sehr geehrte Damen und Herren,

hiermit lege ich Widerspruch gegen den oben näher bezeichneten Krankengeldbescheid ein, der mir am (Datum) zugegangen ist.
Soweit ich dies überblicke, haben Sie mir weniger als 70 Prozent vom Bruttolohn berechnet und überwiesen. Bitte erläutern Sie mir Ihre Rechnung detailliert bis spätestens zum (Datum) und überweisen einen etwaigen Fehlbetrag umgehend auf mein Ihnen bekanntes Konto.
Sollte ich nichts von Ihnen hören, wende ich mich an das Bundesversicherungsamt.

Mit freundlichen Grüßen

Bleibt der Widerspruch erfolglos, hilft vielleicht eine Beschwerde beim Bundesversicherungsamt (Adresse am Ende des Buches) oder eine Klage vor dem zuständigen Sozialgericht.

Falls nach schwerer Krankheit oder aus anderen Gründen eine Kur zweckmäßig erscheint, sollten Sie dazu einen Antrag an die Krankenkasse (für jeden Versicherten) oder den Rentenversicherungsträger richten (nur für Mitglieder, die mindestens 60 Monate versichert sind und insgesamt schon 15 Jahre „Wartezeit" nachweisen). Dort gibt es auch die entsprechenden Formulare. Oder Sie stellen den Antrag formlos.

Die Kosten einer Kur werden entweder von der Krankenkasse oder vom Rentenversicherungsträger übernommen.

Es lohnt sich, bei der Gelegenheit gleich die Kostenübernahme durch den Versicherungsträger zu beantragen; sonst kostet die Kur Sie viel Geld. Stimmt der Versicherungsträger einer Kur nicht zu, können Sie immer noch Widerspruch gegen den Bescheid einlegen – am besten nach Rücksprache mit Ihrem Hausarzt (siehe Musterbrief 66).

Musterbrief 66: Widerspruch gegen abgelehnten Kur-Antrag

Mitgliedsnummer ... / Ablehnung Kur-Antrag vom (Datum) / Widerspruch

Sehr geehrte Damen und Herren,

hiermit lege ich Widerspruch gegen die Ablehnung des Kur-Antrages ein, die mir am (Datum) zugegangen ist.
Mein Arzt (Name) hält eine Kur wegen meines Leidens an der (nähere Bezeichnung des Leidens) für dringend geboten (siehe Kopie des Attests in der Anlage). Daher hatte ich eine ambulante / stationäre Vorsorge- / Rehabilitations-Kur beantragt. Da ich seit (Datum) Jahren nicht mehr zur Kur war, kann ich Ihre Entscheidung nicht nachvollziehen, zumal die Aussicht auf Besserung des Leidens durch die Kur spätere Behandlungskosten deutlich senken könnte. Die Ablehnung wurde leider nicht näher begründet. Was hat Sie dazu bewogen?
Ich bitte Sie, Ihre Entscheidung noch einmal zu überprüfen, und hoffe auf eine positive Entscheidung. Da mein Familien-Bruttoeinkommen relativ gering ist (siehe Kopie der Verdienstbescheinigungen im Anhang), bitte ich von sämtlichen Zuzahlungen befreit zu werden und beantrage volle Kostenübernahme durch Sie. Falls Sie weitere Angaben wünschen, stehe ich für telefonische Rückfragen unter der Nummer ... zur Verfügung (von ... bis ... Uhr).

Mit freundlichen Grüßen

Wer wenig Geld hat, muss den Eigenbetrag bei Medikamenten nicht selbst tragen.

Wer relativ wenig verdient, aber häufiger krank ist (oder seine mitversicherten Angehörigen), kann sich entweder vollständig oder teilweise von der Zuzahlung zu den medizinischen Leistungen befreien lassen (siehe Musterbrief 67). Härtefälle – und damit von Zuzahlungen befreit – sind alle Kassenpatienten, die arbeitslos sind, Sozialhilfe empfangen, in einem Heim betreut werden oder Kriegsopferversorgung bekommen. Berufstätige Kassenmitglieder sind Härtefälle und bekommen alle Ausgaben zurück, wenn ihr monatliches Bruttohaushaltseinkommen (drei Personen) 1999 in den alten Bundesländern unter 2 867 DM blieb, in den neuen Bundesländern unter 2 412 DM.

Musterbrief 67: Befreiung von Zuzahlungen für Medikamente

Mitgliedsnummer ... / Befreiung von Zuzahlungen / Rückerstattung

Sehr geehrte Damen und Herren,

im laufenden Jahr haben meine Familie und ich schon bis zum Monat ... insgesamt etwa ... DM für gesundheitliche Betreuung zugezahlt. Das Familien-Bruttoeinkommen (für insgesamt ... Personen) ist mit ... DM relativ gering (siehe Kopie der Verdienstbescheinigung im Anhang).
Daher beantrage ich, von sämtlichen weiteren Zuzahlungen des laufenden Jahres befreit zu werden. Da wir wahrscheinlich schon zu viel zugezahlt haben, beantrage ich zugleich, überzahlte Beträge am Jahresende zurückerstattet zu bekommen.

Mit freundlichen Grüßen

Lassen Sie sich am besten schon zu Jahresbeginn von Ihrer Kasse ein Quittungsheft für alle Ausgaben, die Sie aus eigener Tasche bezahlen, geben. Alles, was Sie über die zumutbare monatliche Eigenbeteiligung hinaus selbst bezahlen, muss die Kasse Ihnen am Jahresende auf Antrag erstatten. Bei Fragen hilft die Aufsichtsbehörde der Krankenkassen, das Bundesversicherungsamt (Adresse am Ende des Buches).

Sind Sie mit Ihrer Krankenkasse unzufrieden oder sind die Beiträge im Vergleich zu anderen Kassen zu teuer, können Sie auch die Kasse wechseln (siehe Musterbrief 68).

Musterbrief 68: Wechsel der Krankenkasse

> **Mitgliedsnummer ... / Kündigung**
>
> Sehr geehrte Damen und Herren,
>
> hiermit kündige ich die Mitgliedschaft gemäß der Frist von drei Monaten zum Ende des Kalenderjahres ...
> Ich habe auch die Mitgliedschaft bei der Krankenkasse (Name) beantragt und auch bestätigt bekommen (siehe Mitgliedsbescheinigung in der Anlage). Damit ist die Kündigung wirksam. Bitte schicken Sie alle nötigen Unterlagen an die neue Kasse.
>
> Mit freundlichen Grüßen

Fazit: Pflichtversicherte können jedes Jahr bis zum 30. September die Mitgliedschaft in Ihrer Kasse kündigen und in eine andere wechseln, freiwillig Versicherte können dies jederzeit tun – die Kündigung wird zum Ende des übernächsten Monats wirksam.

Kunstfehler von Ärzten

Auch gegen ärztliche Kunstfehler können Sie vorgehen. Die Erfolgsaussichten sind allerdings bislang noch nicht sehr gut.

Patienten nehmen Fehlleistungen des Arztes nicht mehr so klaglos hin wie früher. Pro Jahr gibt es inzwischen 30 000 Streitfälle. Laut Statistik werden 50 Prozent der Schadensersatzklagen abgewiesen, 40 Prozent enden mit einem Kompromiss und nur in zehn Prozent der Fälle bekommen die Patienten Recht.

Ein ärztlicher Eingriff ist, juristisch gesehen, Körperverletzung. Gesteht ein Mediziner also einen Fehler ein, muss er mit dem Staatsanwalt rechnen. Kunstfehler lassen sich aber oft kaum oder nur schwer nachweisen. Schadensersatz und Schmerzensgeld können nur in einem Zivilprozess eingeklagt werden. Achtung: Ansprüche auf Schmerzensgeld verjähren schon drei Jahre nach dem Eingriff. Sprechen Sie zuerst mit dem Arzt und bitten um Aufklärung. Hilft das nicht, machen Sie ein Gedächtnisprotokoll (Daten, Ärzte, Zeugen) und fordern Kopien Ihrer Krankenunterlagen an. Weigert sich der Arzt, sollten Sie noch einmal schriftlich nachfragen (siehe Musterbrief 69).

Musterbrief 69: Einsicht in Behandlungsunterlagen

Behandlung von (Datum) bis (Datum) / Einblick in Behandlungsunterlagen

Sehr geehrte Damen und Herren,

ich bitte Sie, mir Kopien folgender Behandlungsunterlagen zu schicken:
(Nennung der Behandlung, eventuell mit Daten)
Auf die Unterlagen habe ich nach der aktuellen Rechtsprechung des Bundesgerichtshofes (Az: VI ZR 222/79 und 177/81) einen Anspruch. Die bloße Übersendung an einen behandelnden Arzt erfüllt diesen Anspruch nicht.
Kosten für Kopien übernehme ich selbstverständlich gegen Quittung; Röntgenaufnahmen erbitte ich leihweise im Original, da Kopien unnötig teuer sind.
Bitte schicken Sie mir die Unterlagen zusammen mit einer Erklärung, dass alles vollständig ist und nichts fehlt, innerhalb der nächsten drei Wochen, spätestens bis zum (Datum), zu.

Mit freundlichen Grüßen

Die Schlichtungsstelle der Ärztekammer ist eine Instanz, an die Sie sich beim Verdacht auf einen ärztlichen Kunstfehler wenden.

Danach können Sie mithilfe von Medizinern und Juristen überlegen, wie Sie weiter verfahren wollen. So könnten Sie Ihre Krankenkasse um (kostenlose) Vorprüfung bitten, die Patientenberatung der Verbraucherzentralen in Berlin oder Hamburg konsultieren oder die Schlichtungsstelle der Ärztekammer einschalten und um ein offenes Verfahren bitten, an dem Sie aktiv mitwirken können. Allerdings gehen nur etwa ein Drittel der Verfahren vor Schlichtungsstellen der Ärztekammern zugunsten der geschädigten Patienten aus und man trifft sich doch vor einem Zivilgericht.

Aufklärung des Patienten vor ärztlichen Eingriffen tut Not. Denn der Patient muss immer seine Einwilligung geben – und die ist nur wirksam, wenn er über die bedeutsamen Umstände informiert wurde. Der Inhalt der Aufklärung ist zwar gesetzlich nicht geregelt, doch sollten nach einem Urteil des Bundegerichtshofes Aussagen zum medizinischen Befund, der Art des Eingriffs und seiner voraussichtlichen gesundheitlichen Tragweite, Heilungs- und Besserungschancen mit und ohne Operation sowie Risiken des Eingriffs besprochen werden (Az: VI ZR 178/93) – und zwar so früh wie möglich, also nicht erst auf dem Operationstisch. Handelt es sich um einen Notfall und der Patient ist nicht ansprechbar, so kann der Arzt davon ausgehen, dass der Kranke mutmaßlich seine Einwilligung erteilt hätte, muss sich jedoch auf den unbedingt erforderlichen Operationsumfang beschränken.

Privat Krankenversicherte haben nicht nur einen Behandlungsvertrag mit ihrem Arzt, sondern extra noch einen Vergütungsvertrag. Während Kassenpatienten mit der Rechnung überhaupt nicht in Berührung kommen, erhält der Privatpatient die Rechnung seines Arztes, die er selbst bezahlen muss, ehe sein Privatversicherer das Geld erstattet.

Privat Krankenversicherte sollten jede Arztrechnung genau prüfen, bevor sie sie begleichen.

Hat der Arzt nun zu viel Geld verlangt und der Versicherer moniert dies, so bleibt der Patient womöglich auf einem Teil der Krankheitskosten sitzen. Daher sollte der Patient die Rechnung unbedingt prüfen, was jeden Laien überfordert.

Im Zweifel lohnt es bei einer strittigen Rechnung immer, den Versicherer vorzuschicken. Der hat das nötige Fachwissen und steht Ihnen auch juristisch und finanziell zur Seite, wenn der Arzt auf Bezahlung einer vermeintlich überhöhten Rechnung besteht. Das reicht bis zum Rechtsschutz und der Chance, die Vollmacht zum Prozess an seinen Versicherer abzutreten (siehe Musterbrief 70).

Musterbrief 70: Überhöhte Arztrechnung

Überhöhte Arztrechnung

Sehr geehrte Damen und Herren,

kürzlich unterzog ich mich einer ärztlichen Behandlung, für die ich jetzt die Rechnung bekam (siehe Anlage). Als Laie habe ich das Gefühl, dass die Rechnung ziemlich hoch ausfällt.
Bitte prüfen Sie für mich, ob alles seine Richtigkeit hat. Mein Arzt meinte, alles sei rechtens. Für den Fall, dass Sie meine Bedenken teilen, gebe ich Ihnen hiermit das Einverständnis, sich direkt mit meinem Arzt in Verbindung setzen zu dürfen. Ich werde die Rechnung bis auf weiteres nicht bezahlen, sondern erst, nachdem die Spezialisten Ihres Hauses mit dem Arzt gesprochen haben.
Sollte das Gespräch den Arzt nicht umstimmen, würde ich gern den angemessenen Betrag bezahlen, den Sie mir nennen müssten. Falls Sie mir sogar vorschlagen, gar nichts zu bezahlen, möchte ich allerdings schriftlich von Ihnen bestätigt haben, dass Sie das Prozessrisiko für mich übernehmen. Hiermit trete ich vorsorglich mein Verhandlungsmandat an Ihr Haus ab; Sie erhalten auch Prozessvollmacht. Mir entstehen dadurch keine Prozesskosten.

Freundliche Grüße

Zoff mit Dienstleistern

Behördennahe Dienstleister

Dienstleistungen, die noch in der Hand der Kommune (Strom, Gas, Wasser, Müll, Abwasser) oder von Monopolen (Deutsche Bahn AG, Schornsteinfeger) sind, beschwören häufig Ärger herauf, weil mangelnder Wettbewerb offenbar zu Selbstzufriedenheit und Preisdiktat führt. Doch auch gegen Unrecht von „behördennahen" Dienstleistungsfirmen können Sie sich wehren.

Auch eine Beschwerde bei den kommunalen Dienstleistern führt häufig zum gewünschten Ergebnis.

Mitunter gibt es Ärger mit der Müllabfuhr, etwa wenn die Tonne nicht wie vereinbart geleert wird und nun überquillt. Da hilft erfahrungsgemäß ein Anruf bei der Stadtreinigung am schnellsten. Lässt die Firma Ihren Müll jedoch häufiger links liegen, so sollten Sie sich das nicht gefallen lassen und eine entsprechende Beschwerde loslassen (siehe Musterbrief 71).

Musterbrief 71: Beschwerde über nicht abgeholten Müll

Wiederholt unterlassene Müllabfuhr

Sehr geehrte Damen und Herren,

in letzter Zeit haben Sie wiederholt den Müll von meinem Grundstück nicht abgeholt, und zwar am (Datum), (Datum), (Datum). Telefonische Reklamationen am jeweiligen Folgetag schufen bislang nur kurzzeitige Abhilfe.
Daher folgt jetzt diese schriftliche Beschwerde, zumal Ihr vertragswidriges Verhalten zu hygienischen Problemen führt.
Für den Wiederholungsfall kündige ich an, die kommenden Rechnungen zunächst um die nicht erbrachte Leistung zu kürzen und die Einzugsermächtigung zu widerrufen.
Weitere rechtliche Schritte behalte ich mir vor.

Mit freundlichen Grüßen

Zwar können Sie kein Konkurrenzunternehmen beauftragen, doch die Ankündigung, Rechnungen zu kürzen oder gar nicht zu bezahlen, dürfte ihre Wirkung nicht verfehlen. Schließlich sind die Kommunen einem rigorosen Sparzwang ausgesetzt, den sie nicht permanent durch Ausfall geplanter Einnahmen gefährden können. Falls das nicht hilft, sollten Sie gemeinsam mit einem Anwalt weitere rechtliche Schritte bis hin zur Klage in Erwägung ziehen.

Wird die Leistung zwar vollständig erbracht, aber die Abrechnung von Strom, Wasser oder Gas stimmt nicht, so empfiehlt es sich, umgehend und schriftlich zu widersprechen. Die Stiftung Warentest rät, je nachdem, ob es sich um einen offensichtlichen oder nicht offensichtlichen Fehler handelt, zu folgendem Vorgehen: Wenn die Abrechnung auf falschem Zählerstand beruht oder Rechenfehler enthält, sollte darauf verwiesen und die Zahlung verweigert werden (siehe Musterbrief 72).

Prüfen Sie auch die Gebührenbescheide der Kommunen gründlich nach.

Musterbrief 72:
Offensichtlich falsche Abrechnung Strom oder Wasser

Kundennummer ..., Abrechnung vom (Datum)

Sehr geehrte Damen und Herren,

am (Datum) erhielt ich oben genannte Abrechnung für die Zeit von (Datum) bis (Datum). Danach soll ich insgesamt (Nennung des vermeintlichen Verbrauchs) verbraucht haben. Dies kann nicht stimmen.
Laut von Ihnen abgelesenem und auf der Rechnung dokumentiertem Zählerstand ergibt sich ein Verbrauch von nur (Nennung des wirklichen Verbrauchs), also ... weniger als tatsächlich verlangt.
Der Rechnungsbetrag ist offensichtlich fehlerhaft. Daher werde ich die Summe nicht bezahlen. Falls Sie dennoch abbuchen und den überschüssigen Betrag nicht innerhalb von zwei Wochen auf mein Konto rücküberweisen, werde ich die Einzugsermächtigung widerrufen.
Bitte schicken Sie mir die korrigierte Rechnung bis (Datum) zu.

Mit freundlichen Grüßen

Stimmt die Rechnung formal, fällt aber extrem aus dem herkömmlichen Rahmen, so muss sie zunächst voll bezahlt werden; zugleich sollten Sie aber eine Überprüfung verlangen. Bevor Sie

Eine Zählerüberprüfung sollten Sie nur durchführen lassen, wenn Sie sicher sind, dass er defekt sein muss.

jedoch eine Überprüfung der ungewöhnlich hohen und damit vermutlich falschen Rechnung samt Zähler fordern, sollten Sie sich über mögliche Kosten im Klaren sein. Ist der Zähler tatsächlich defekt, so gibt es zu viel gezahlte Gebühren zurück, gratis einen neuen Zähler und die Überprüfung selbst bleibt kostenlos. Ist der Zähler dagegen in Ordnung, so war nicht nur die Hoffnung auf Rückzahlung trügerisch, sondern zusätzlich muss der Kunde die Überprüfungskosten tragen.

Ärger mit Telefon, Online-Diensten und Internet

Telefonkunden können ein Lied von falschen Abrechnungen singen. Wer die Bezahlung verweigerte, musste damit rechnen, dass die Telekom den Anschluss sperrte. Immerhin können Verbraucher seit der Öffnung des Telefonmarktes inzwischen leicht zu einem anderen Anbieter mit besseren Konditionen wechseln. Dennoch sollten Sie einer überhöhten Telefonrechnung weiterhin widersprechen (siehe Musterbrief 73).

Musterbrief 73: Überhöhte Telefonrechnung

Fernsprechanschluss (Nummer) / Abrechnung vom (Datum)

Sehr geehrte Damen und Herren,

in den zurückliegenden beiden Monaten schienen mir die Telefonrechnungen übermäßig hoch. In oben genannter Abrechnung für die Zeit von (Datum) bis (Datum) soll ich für ... DM telefoniert haben. Das kann nicht stimmen.
Ich bitte Sie daher, die Rechnung selbst sowie Anschluss und den entsprechenden Gebührenzähler zu überprüfen. Bis zum Ergebnis werde ich nur den monatlichen Durchschnittsbetrag des letzten Jahres bezahlen und entziehe Ihnen in diesem Zusammenhang die Einzugsermächtigung.
Sollte ich bis zum (Datum) keine Antwort von Ihnen erhalten, gehe ich davon aus, dass Sie nicht in der Lage sind, für eine ordnungsgemäße Abrechnung die Voraussetzungen zu schaffen.
Ich behalte mir vor, zum nächstmöglichen Termin den Anbieter zu wechseln.

Mit freundlichen Grüßen

Vor Gericht haben gebührengeplagte Kunden nur gute Karten, wenn sie belegen können, dass die Rechnung augenscheinlich zu hoch war. Dies gelingt nur auf der Grundlage eines lückenlosen Gesprächsnachweises, den der Telefonanbieter auf Wunsch mit jeder Monatsrechnung mitschickt; dies kostet meist etwas zusätzlich.

Rund jeder fünfte Deutsche nutzt mittlerweile ein Handy. Zumeist wird dazu ein Nutzungsvertrag von häufig 24 Monaten mit einem Netzbetreiber oder Zwischenhändler (Provider) abgeschlossen. Durch die lange Vertragsbindung wird die Anschaffung des Handys auf den ersten Blick preisgünstiger. Falls Kunden einige Zeit nach der Anschaffung mit dem Vertrag unzufrieden sind, sollten sie versuchen, durch Kulanz aus dem Vertrag vorzeitig herauszukommen (siehe Musterbrief 74).

Unter Umständen können Sie vorzeitig aus einem Mobilfunkvertrag aussteigen.

Musterbrief 74: Vorzeitige Beendigung Mobilfunkvertrag

**Mobilfunkvertrag vom (Datum) / Kundennummer ... /
Bitte um vorzeitige Vertragsbeendigung**

Sehr geehrte Damen und Herren,

am (Datum) habe ich mit Ihnen über den Händler (Name) einen Mobilfunkvertrag bis (Datum) geschlossen.
Ausgangspunkt für meine Kaufentscheidung war der niedrige Grundpreis, den die Beratung in Aussicht stellte. Über die verhältnismäßig hohen Folgekosten (Gesprächskosten, Mindestumsätze) erfuhr ich nichts. Dies wertete der Bundesgerichtshof als Verstoß gegen die Preisangabenverordnung (Az: I ZR 187/97, 7/97, 72/97, 94/97, 107/97, 138/97 und 147/97).
Ich lege nicht unbedingt Wert auf eine rechtliche Auseinandersetzung. Fakt ist aber: Obwohl ich das Gerät nur sparsam nutze, wachsen mir die monatlichen Rechnungen über den Kopf. Als Schüler / Auszubildender / Student / Hausfrau / Rentner / Sozialhilfeempfänger / Arbeitsloser kann ich die im Verhältnis zu meinem Einkommen hohe Belastung nicht länger tragen und bitte Sie, mich vorzeitig aus dem Vertrag zu entlassen, ohne für die Restlaufzeit an Kosten für mich, etwa Grundgebühr, festzuhalten.
Bitte geben Sie mir bald Bescheid und bestätigen die Vertragsauflösung schriftlich. Ich gebe das Gerät dann unverzüglich an den Händler zurück.

Mit freundlichen Grüßen

Hilft das nichts, sollten Sie in jedem Fall Rat bei der örtlichen Verbraucherzentrale suchen.

Um die Benutzung Ihrer Kreditkarte durch Unbefugte zu verhindern, geben Sie sie Nummer nicht übers Internet weiter.

Seit neue Medien wie Internet und damit zahlreiche Online-Dienste zunehmend genutzt werden, häufen sich auch die Probleme der Nutzer. So wird die entsprechende Technik und auch der Zugang meist sehr preisgünstig bereitgestellt, doch beim Service hapert es gewaltig. Häufig ist die Telefon-Hotline für Anfragen zu Störungen der genutzten Programme (Software) permanent besetzt. Zum anderen können Software-Fehler zu Lasten der Verbraucher gehen. Nach geltender Rechtsprechung liegt die Beweislast für Fehler bei der Nutzung von Online-Angeboten zumeist beim Kunden. Die Risiken sollten jedoch grundsätzlich beim Anbieter sein, der sich sonst jeglicher Haftung für fehlerhafte Software entziehen kann. Kommen Sie durch offensichtliche Lücken im Sicherheitssystem zu Schaden, etwa Entschlüsseln und missbräuchliches Verwenden Ihrer Kreditkarte, so sollten Sie Schadensersatz gegenüber dem Online-Betreiber geltend machen (siehe Musterbrief 75).

Musterbrief 75: Schadensersatz gegenüber Online-Betreiber

Kundennummer ... / Schadensersatz

Sehr geehrte Damen und Herren,

am (Datum) habe ich mit Ihnen einen Lizenzvertrag über die Nutzung der Online-Software (Name der Software) geschlossen. Als Laie ging ich davon aus, dass Sie ein hohes Sicherheitsniveau garantieren.
Inzwischen habe ich jedoch festgestellt, dass mit meiner Kreditkarte, Nummer ..., online eingekauft wurde (siehe Kopie der Abrechnung der Kartengesellschaft), obwohl ich bei meinen eigenen Transaktionen die Nummer nur verschlüsselt benutze.
Ich gehe davon aus, dass solche Risiken des elektronischen Mediums grundsätzlich der Anbieter zu tragen hat, zumal ich auf die bereitgestellte Software keinen Einfluss habe. Offenbar ist bei Ihnen eine Sicherheitspanne aufgetreten, die mich durch missbräuchliche Kreditkartennutzung bisher ... DM gekostet hat.
Hiermit fordere ich von Ihnen Schadensersatz über den genannten Betrag, der sich durch weitere, mir bislang noch nicht bekannte missbräuchliche Verwendung meiner Kartennummer noch erhöhen kann. Ich habe unmittelbar nach Erhalt der Kontoauszüge die Nummer sperren lassen, bin also meiner Schadensminderungspflicht nachgekommen.
Bitte überweisen Sie den Schadensersatz-Betrag bis spätestens (Datum) auf mein Konto ..., BLZ ... bei der ...-Bank. Nach Ablauf dieser Frist behalte ich mir rechtliche Schritte vor.

Mit freundlichen Grüßen

Relativ einfach ist es dagegen, sich gegen überhöhte Rechnungen Ihres Internet-Providers zu wehren. Auf Ihrer Telefonrechnung der Telekom erscheinen diese Leistungen als „Inkasso im Namen und für Rechnung Dritter". Fordern Sie den Betreiber auf, die Kosten detailliert aufzuschlüsseln. Geht er darauf nicht ein, wechseln Sie den Anbieter (Musterbrief 76).

Musterbrief 76: Überhöhte Internet-Rechnung

Nutzungsvertrag vom (Datum) / Abrechnung vom (Datum)

Sehr geehrte Damen und Herren,

in den zurückliegenden beiden Monaten schienen mir die Rechnungen über Internet-Kosten, die pauschal in meiner Telefonrechnung ausgewiesen sind, übermäßig hoch (siehe Anlage).
Ich bitte Sie, die Kosten detailliert aufzuschlüsseln und die Rechnung noch einmal zu überprüfen. Bis zum Ergebnis werde ich nur den monatlichen Durchschnittsbetrag des letzten Jahres bezahlen.
Sollte ich bis zum (Datum) nichts von Ihnen hören, gehe ich davon aus, dass Sie nicht in der Lage sind, die Voraussetzungen für eine ordnungsgemäße Abrechnung zu schaffen.
Nach Ablauf der genannten Frist behalte ich mir vor, Ihnen in diesem Zusammenhang die Einzugsermächtigung zu entziehen und zum nächstmöglichen Termin den Anbieter zu wechseln.

Mit freundlichen Grüßen

Lästige Werbung vermeiden

Manche Dienstleister meinen es besonders gut und bieten ihre Dienste ungefragt an. Falls es Sie wurmt, dass der Briefkasten nahezu täglich von unerwünschter Reklame überquillt, sollten Sie einen Aufkleber „Keine Werbung einwerfen!" anbringen. Da Werbematerial, das in adressiertem Briefumschlag verschickt wird, von der Post zugestellt werden muss, können Sie höchstens selbst an die betreffende Firma schreiben und fordern, dass Sie keine weiteren Werbeschriften erhalten.

Gegen Postreklamesendungen hilft auch ein Aufkleber auf dem Briefkasten, der den Einwurf von Werbung verbietet, nichts.

Den gleichen Effekt erreichen Sie billiger und vermutlich schneller, wenn Sie Ihre Aufnahme in die Robinson-Liste beantragen (siehe Musterbrief 77).

Musterbrief 77: Aufnahme in die Robinson-Liste

Antrag auf Aufnahme in Robinson-Liste

Sehr geehrte Damen und Herren,

ab sofort möchte ich keine Reklamesendungen per Post, Fax und E-Mail mehr erhalten. Bitte nehmen Sie mich unverzüglich in Ihre so genannte Robinson-Liste auf. Unterrichten Sie in diesem Zusammenhang alle Ihrem Verband angeschlossenen Unternehmen. Besonders massiv haben meine Unterlassungswünsche bislang ignoriert: (Nennung der Firmen)
Im Wiederholungsfall behalte ich mir vor, Verbraucherschutzverbände und gegebenenfalls die Öffentlichkeit einzuschalten.

Mit freundlichen Grüßen

Die Robinson-Liste ist ein Adressbuch der Werbeverweigerer, in das sich jeder kostenlos eintragen lassen kann. Die Liste wird beim Deutschen Direktmarketing Verband (DDV) geführt (Adresse am Ende des Buches). Viele Unternehmen haben sich verpflichtet, diese Liste zu respektieren.

Je mehr moderne Technik in den Alltag einzieht, desto stärker kommt Werbung auch über Telefon, Telefax, Telex und Bildschirmtext. Hier sind gesetzlich enge Grenzen gezogen. Für Privatanschlüsse gilt: Unerbetener Kontakt ist verboten, entschied unter anderem das Oberlandesgericht Köln (Az: 6 U 21/98). Selbst bei Gewerbetreibenden ist Telefonwerbung unzulässig. Da Reklamefaxe zum Beispiel billiger als Briefpost sind, verstoßen immer mehr Werber gegen das Verbot. Wer sich gegen unerwünschte Werbefaxe wehren will, kann den Absender von der Zentrale zur Bekämpfung unlauteren Wettbwerbs (Adresse am Ende des Buches) abmahnen lassen. Die unverlangte Zusendung von E-Mails zu geschäftlichen Zwecken verstößt ebenfalls gegen geltendes Recht, urteilte das Landgericht Berlin (Neue Juristische Wochenschau 1998, Seite 3208).

Als „Privatmann" können Sie sich gegen Werbefaxe wehren.

Anhang

Adressen zum Luftmachen

Verbraucherzentralen

Deutschland

Arbeitsgemeinschaft der
Verbraucherverbände (AgV),
Dachorganisation
der Verbraucherzentralen
Heilsbachstraße 20
53123 Bonn
Tel.. 02 28/6 89-0
Internet: agv.de

Verbraucherzentrale
Baden-Württemberg
Paulinenstraße 47
70178 Stuttgart
Tel.: 07 11/66 91-0
Internet: verbraucherzentrale.de

Verbraucherzentrale Bayern
Mozartstraße 9
80336 München
Tel.: 0 89/5 39 87-0

Verbraucherzentrale Berlin
Bayreuther Straße 40
10787 Berlin
Tel.: 0 30/2 14 85-0

Verbraucherzentrale Brandenburg
Hegelallee 6–8
14467 Potsdam
Tel.: 03 31/2 89 33 33
Internet:
brandenburg.de/land/mw/media

Verbraucherzentrale Bremen
Altenweg 4
28195 Bremen
Tel.: 04 21/16 07 77

Verbraucherzentrale Hamburg
Kirchenallee 22
20099 Hamburg
Tel.: 0 40/2 48 32-0
Internet:
ourworld.compuserve.com/home
pages/Verbraucher-
zentraleHamburg

Verbraucherzentrale Hessen
Reuterweg 51–53
60323 Frankfurt/M.
Tel.: 0 69/9 72 01 00
Internet: verbraucher.de

Verbraucherzentrale
Mecklenburg-Vorpommern
Strandstraße 98
18055 Rostock
Tel.: 03 81/4 93 98-0

Verbraucherzentrale
Niedersachsen
Herrenstraße 14
30159 Hannover
Tel.: 05 11/9 11 96-0
Internet: verbraucherberatung.de/start/frameset.html

Verbraucherzentrale
Nordrhein-Westfalen
Mintropstraße 27
40215 Düsseldorf
Tel.: 02 11/38 09-0
Internet: vz-nrw.de

Verbraucherzentrale
Rheinland-Pfalz
Große Langgasse 16
55116 Mainz
Tel.: 0 61 31/28 48-0

Verbraucherzentrale
des Saarlandes
Hohenzollernstraße 11
66117 Saarbrücken
Tel.: 06 81/50 08 90
Internet: vz-saar.de

Verbraucherzentrale Sachsen
Bernhardstraße 7
04315 Leipzig
Tel.: 03 41/6 88 80 80
Internet: vzs.de

Verbraucherzentrale
Sachsen-Anhalt
Steinbocksgasse 1
06108 Halle
Tel.: 03 45/5 00 83 22
Internet: verbraucherzentrale.com

Verbraucherzentrale
Schleswig-Holstein
Bergstraße 24
24103 Kiel
Tel.: 04 31/5 12 86
Internet: schleswigholstein.de/vz-sh

Verbraucherzentrale Thüringen
Eugen-Richter-Straße 45
99085 Erfurt
Tel.: 03 61/5 55 14-0
Internet: th-online.de/vereine/vz-thueringen

Österreich

Verein für Konsumenteninformation (VKI)
Linke Wienzeile 18
A-1060 Vienna, Austria
Tel.: 00 43/15 88 770
Internet: vki.or.at/vki/

Schweiz

Federation Romande des Consommateurs,
CP 2820
CH-1002 Lausanne, Switzerland
Tel.: 00 41/21 312 80 06

Stiftung für Konsumentenschutz
Monbijoustraße 61
Postfach
CH-3000 Bern, 23 Switzerland
Tel.: 00 41/31 371 34 44

Verbrauchernahe Organisationen und Behörden

Verbraucherschutzverein (VSV)
Bayreuther Straße 41
10787 Berlin
Tel.: 0 30/21 48 74-0

Deutscher Mieterbund
Aachener Straße 313
50931 Köln
Tel.: 02 21/9 40 77-0

Bundesarbeitsgemeinschaft Schuldnerberatung
Motzstraße 1
34117 Kassel
Tel.: 05 61/77 10 93

Bund der Versicherten (BdV)
Postfach 1153
24547 Henstedt-Ulzburg
Tel.: 0 41 93/99 04-0

Bundesaufsichtsamt für das Versicherungswesen
Ludwigkirchplatz 3–4
10719 Berlin
Tel.: 0 30/88 93-0

Bundesaufsichtsamt für das Kreditwesen
Gardeschützenweg 71–101
12203 Berlin
Tel.: 0 30/84 36-0

Bundesversicherungsamt
Reichpietschufer 74–76
10785 Berlin
Tel.: 0 30/2 69 99-0

Zentrale zur Bekämpfung unlauteren Wettbewerbs
Landgrafenstraße 24 B
61348 Bad Homburg
Tel.: 0 61 72/12 15-0

Wichtige Verbände der Anbieter

Bundesverband der Lohnsteuerhilfevereine
Limpericher Straße 6
53225 Bonn
Tel.: 02 28/47 27 98

Deutscher Steuerberaterverband
Bertha-von-Suttner-Platz 6
53111 Bonn
Tel.: 02 28/98 59 40

Bundesverband
Finanzdienstleistungen
Kaiser-Friedrich-Straße 90
10585 Berlin
Tel.: 0 30/2 61 79 99

Deutscher Direktmarketing
Verband, Eintrag Robinson-Liste
Postfach 1401
71243 Ditzingen
Tel.: 0 71 56/95 10 10

Schieds- und Schlichtungsstellen

Deutscher Industrie- und
Handelstag
Adenauerallee 148
53113 Bonn
Tel.: 02 28/1 04-0

Deutscher Handwerkskammertag
Johanniterstraße 1
53113 Bonn
Tel.: 02 28/5 45-0

Bundesärztekammer
Herbert-Lewin-Straße 3
50931 Köln
Tel.: 02 21/40 04-0

Bundesverband
des Deutschen Möbelhandels
Schlichtungsstelle
Frangenheimstraße 6
50931 Köln
Tel.: 02 21/40 31 42

Zentralverband Deutsches
Kraftfahrzeuggewerbe
Franz-Lohe-Straße 21
53129 Bonn
Tel.: 02 28/91 27-0

Schiedsstelle des Verbandes
der Bergungs- und
Abschleppunternehmen
Wittener Straße 237
42279 Wuppertal
Tel.: 02 02/26 65 60

Deutscher Textilreinigungsverband
In der Raste 12
53129 Bonn
Tel.: 02 28/91 73 10

Schlichtungsstelle
für Schuhreklamation
„Haus des Handels“
Kaiserstraße 42 a
40479 Düsseldorf
Tel.: 02 11/3 80 90

Zentralverband der
Deutschen Elektrohandwerker
Lilienthalallee 4
60487 Frankfurt/M.
Tel.: 0 69/24 77 47-0

Deutsche Gesellschaft
für Recht und Informatik
EDV-Schlichtungsstelle
Melibocusstraße 52 a
60528 Frankfurt/M.
Tel.: 0 69/66 90 07 20

Bundesarchitektenkammer
Königswinterer Straße 709
53227 Bonn
Tel.: 02 28/9 70 82-0

Bauschlichtungsstelle
Altenwall 7–8
28195 Bremen
Tel.: 04 21/32 18 23

Schlichtungsstelle der
Norddeutschen Ärztekammer
(auch für Berlin und
Ostdeutschland – außer Sachsen)
Berliner Allee 20
30175 Hannover
Tel: 05 11/3 80 02

Schlichtungsstelle der
Landesärztekammer Hessen
Im Vogelgesang 3
60488 Frankfurt/M.
Tel: 0 69/9 76 72 0

Schlichtungsstelle der Landes-
ärztekammer Rheinland-Pfalz
Deutschhausplatz 3
55116 Mainz
Tel: 0 61 31/2 88 22-0

Gutachterkommission
der Landesärztekammer
Baden-Württemberg
Jahnstraße 32
70597 Stuttgart
Tel: 07 11/76 98 10

Schlichtungsstelle der
Sächsischen Landesärztekammer
Pohlandstraße 19
01309 Dresden
Tel: 03 51/3 36 81-0

Schlichtungsstelle der
Bayerischen Landesärztekammer
Mühlbaurstraße 16
81677 München
Tel: 0 89/4 14 71

Gutachterkommission der
Ärztekammer Westfalen-Lippe
Kaiser-Wilhelm-Ring 4-6
48145 Münster
Tel: 02 51/37 50 0

Bundeszahnärztekammer
Universitätsstraße 71–73
50931 Köln
Tel.: 02 21/40 40 35

Briefverzeichnis

Finanzen

Versicherungen

Reisen

Behörden

Register